中央高校基本科研业务费专项资金资助
中央美术学院自主科研项目资助
（项目编号：23KYLLCB15）

以 美 塑 人

面向社会的雕塑美育实践

孙洁／著

知识产权出版社
全国百佳图书出版单位
—北京—

图书在版编目（CIP）数据

以美塑人：面向社会的雕塑美育实践 / 孙洁著 . —北京：知识产权出版社，2023.9
ISBN 978-7-5130-8879-4

Ⅰ . ①以… Ⅱ . ①孙… Ⅲ . ①美育—研究 Ⅳ . ① G40-014

中国国家版本馆 CIP 数据核字（2023）第 162042 号

责任编辑： 赵　昱　　　　　　　　　　　责任校对：潘凤越
封面设计： 北京麦莫瑞文化传播有限公司　　责任印制：孙婷婷

以美塑人
——面向社会的雕塑美育实践

孙　洁　著

出版发行：	知识产权出版社 有限责任公司	网　　址：	http：//www.ipph.cn
社　　址：	北京市海淀区气象路 50 号院	邮　　编：	100081
责编电话：	010-82000860 转 8128	责编邮箱：	zhaoyu@cnipr.com
发行电话：	010-82000860 转 8101/8102	发行传真：	010-82000893/82005070/82000270
印　　刷：	北京九州迅驰传媒文化有限公司	经　　销：	新华书店、各大网上书店及相关专业书店
开　　本：	720mm×1000mm　1/16	印　　张：	9.25
版　　次：	2023 年 9 月第 1 版	印　　次：	2023 年 9 月第 1 次印刷
字　　数：	132 千字	定　　价：	58.00 元

ISBN 978-7-5130-8879-4

人民英雄纪念碑浮雕《胜利渡长江》舞蹈造型

中国共产党历史展览馆广场主题雕塑《信仰》（中央美术学院团队创作）

2015 年"钢铁之夏"国际青年金属雕塑创作营作品现场

2016 年"钢铁之夏"国际青年金属雕塑创作营作品现场

2014 年"曾竹韶雕塑艺术奖学金"获奖作者上台领奖

"十年一见·曾竹韶雕塑艺术奖学金"获奖作品全国巡展(北京站)现场

2018 年中央美术学院本科生毕业展现场

2018 年中央美术学院研究生毕业展现场

"我的2014"中央美术学院雕塑系年度学生优秀创作展现场

"我的2017"中央美术学院雕塑系年度学生优秀创作展现场

学生为太原工业文化创意产业园区绘制的主题涂鸦作品

2014年中央美术学院运动会雕塑系入场式表演

前　言

从古至今，美育是一个内涵丰富的思想体系。追溯至孔子的美育思想，有其内在的体系。《论语·里仁》云："里仁为美。"注重人的内在修养，崇敬有仁德的地方，强调美育与德育的紧密关联。《论语·八佾》云："子谓《韶》，尽美矣，又尽善也。谓《武》，尽美矣，未尽善也。"强调"美"与"善"兼得的重要性，对艺术形式和内容都提出一定的要求。孔子提倡的是美与善的统一，这体现出中国先贤对于美育方面的基本认知。

近代以来，文化教育先贤从民族振兴、文明赓续、文化传承的高度看待美育，王国维的《论教育之宗旨》阐明了美育、德育与智育的内蕴，鲁迅的《拟播布美术意见书》阐释了美术的各种功能，蔡元培发表《文化运动不要忘了美育》，提倡"以美育代宗教"，深刻影响了中国现代美育思想，他认为"纯粹之美育，所以陶养吾人之感情，使有高尚纯洁之习惯，而使人我之见、利己损人之思念，以渐消沮者也"，强调美育对心智的陶冶作用。"蔡元培的美育思想并非单一从美学思想中寻找资源，而是融汇了人文、社会、自然等多方面后的审美综合体。蔡元培将中国传统儒家哲学中的礼乐文化与西方现代哲学思想进行结合，以'美育代宗教'的观念来推广美育，其涵盖的领域包括学校的美术教育和全民的美育。"❶

随着社会主义现代化事业的建设，面对如何塑造新一代的人才的问题，美育又重新受到了教育界、哲学界和文学界乃至社会各方面的重视，美育理论、实践研究得到空前发展，呈现出多元发展的景象。"美育被作为一门

---

❶ 史金良：《试论传统文化精神下的当代美育评价体系》，《美术观察》2021 年第 12 期。

学科进行科学化、系统化的建构，学界围绕美育定义进行了大量研究，关于美育辞典、教材、研究类的著作呈井喷式爆发。对美育的性质、功能以及发生过程进一步深入研究，分别从性质定义、功用定义等不同角度明确美育内涵……" ❶ "美育理论为审美教育提供了方法论的指导，审美教育则为美育理论提供了深化的动力。在当下，美育已经成为不同类型院校教学中的关键问题。不论是通识教育，还是专业教育，美育都为学生的全面发展提供了强力的保障。" ❷

包括美术教育在内的艺术教育是美育的组成部分，目的是培养德艺双馨的艺术工作者。中央美术学院自成立起，历经百年沧桑，以"崇尚学术、尊重个性、关注现实、服务人民、激发创造"为精神引领，创作了大量反映时代精神的经典之作，为中国教育事业的发展作出了重要贡献。中央美术学院的前身是国立北平艺术专科学校，可以追溯至 1918 年著名教育家蔡元培先生倡导成立的国立北京美术学校，著名美术教育家郑锦担任第一任校长。这是中国历史上第一所国立美术教育学府，也是中国现代美术教育的发源地之一。

中央美术学院的美术教育，是美育的典型代表，通过美术教育熏染、感化、形成独立人格，打造特色鲜明的人才培养模式。美育用优美的艺术形象，可以影响人的情志、思想、品格，也可以发展人的观察力、想象力、创造力，培育高尚的审美情趣，提升审美能力，并且养成乐观向上的人生态度，形成健全的人格，达到心智的平衡，通过美育可以促进人的全面发展，进行创造性的劳动和艺术创作。

2018 年 8 月 30 日，习近平总书记在给中央美术学院老教授的回信中指出："美术教育是美育的重要组成部分，对塑造美好心灵具有重要作用。你们提出加强美育工作，很有必要。做好美育工作，要坚持立德树人，扎根时代生活，遵循美育特点，弘扬中华美育精神，让祖国青年一代身心都健康成

---

❶ 吴豆：《二十世纪以来美育概念定义史变迁及现代反思》，长安大学硕士学位论文，2022 年，第 31–32 页。
❷ 严婧瑞，王杉：《美学传统·中外理论·当代美育 ——"新时代中国美育理论"论坛综述》，《美育学刊》2022 年第 5 期，第 13 卷，第 31–32 页。

长。""希望学院坚持正确办学方向，落实党的教育方针，发扬爱国为民、崇德尚艺的优良传统，以大爱之心育莘莘学子，以大美之艺绘传世之作，努力把学院办成培养社会主义建设者和接班人的摇篮。"

雕塑美育，以雕塑艺术为媒介对人们进行审美教育。雕塑属于造型艺术，可以提高人们对线条、形体、结构的理解，由于雕塑是三维立体的，还可以提高人们的空间思维能力。雕塑美育实践不仅仅依托课堂教学，还把课堂延伸到社会范围内，培养学生发现美、感受美的能力。在参加实践的同时，艺术水平得以提升，心灵得到净化，形成一种综合、全面、立体的培养格局。

中央美术学院雕塑系的前身是 20 世纪 30 年代设立的"国立北平艺术专科学校"雕塑科，1952 年正式建立雕塑系。在长期的学科调整和建设中，雕塑系拥有鲜明的学科专业特点、雄厚的师资以及蜚声海内外的影响力，始终保持着独立的建制。悠久的历史和清晰的学术发展脉络使其成为中国现代雕塑教育的发源地、雕塑艺术创作研究的核心地、创作人才培养的输出地。

在完成学科拓展之后，雕塑系开始把更多的目光投向社会，聚焦全国，在更广阔的层面去探索雕塑人才培养模式，推动中国雕塑事业发展，搭建中国青年雕塑人才交流平台。雕塑系以高水平、高质量的教学、创作和科研成果为目标，加强国际交流与合作，坚持中国文化主体意识，积极建构新世纪中国特色的雕塑教育体系，为国家培养和输送优秀的雕塑艺术人才。

长期以来，雕塑系一直坚持雕塑课堂教学与社会实践相结合的理念，积极探索雕塑与社会发展融合的路径。提倡以教学带课题，以课题促教学，形成互动，真正做到学用结合。多年来，随着时代的发展和社会需求的增加，雕塑系调整了对教学内容的理解和认识，展开了丰富多元的课题式教学，让学生得到更多的能力锻炼，关注国内外雕塑发展的最前沿，让学生具有更加开阔的视野以及适应社会的能力，将课程教学的"第一课堂"和社会实践的"第二课堂"结合起来，形成一个交融的教育体系。

雕塑与社会密切相关。"雕塑是空间的艺术，它有很强的社会功能性。这一学科特点，决定了它应该在社会空间当中占有很重要的位置，我们因此努力让雕塑教学与社会、公众形成互动延伸。随着时代发展，社会空间需要雕塑的介入、艺术的介入，需要诉诸雕塑艺术的学术力量和学术引领。这种介入，对于城市建设和公共艺术都有示范作用。另一方面，也是培养人才的需要，我们需要在一种介入状态中培养符合社会需要的雕塑艺术人才。"❶

面向社会的雕塑美育，将社会作为开展实践活动的重要阵地，充分挖掘各种公共教育资源，让学生体察社会，将雕塑专业知识与社会实践相结合，并以雕塑艺术独有的方式，为社会经济文化发展作出贡献，体现出艺术为人民服务的价值观。

本书基于中央美术学院雕塑系近年来的美育实践活动，这些活动突出专业优势，将艺术教育与思想教育有机融合，学生在参与活动的过程中继承发扬美院关注社会、服务人民的优良传统，以优秀作品反映时代，反馈社会。本书从构建雕塑美育实践体系、搭建青年雕塑人才交流平台、雕塑美育面向社会的理路和策略三个维度，全面展现艺术院校的雕塑美育实践，分析其特色与价值，为今后的雕塑美育、雕塑艺术人才培养提供借鉴。

第一章主体内容为构建雕塑美育实践体系，从历史和当代两个维度展开，通过对传统雕塑文物的考察，使学生建立内心的纵横知识体系；对雕塑大师作品进行临摹是再造经典的过程，也是不断构建实践体系的过程；将历史场景与专业知识相结合，开展主题创作，让学生的心灵在历史的场域中受到洗礼。

第二章主体内容为搭建青年雕塑人才交流平台，以此实现艺术实践能力的拓展，通过从课堂教学向社会推介，学生的作品有更大的展示空间，体现出学院精神的碰撞交融，搭建常态化的学术创作平台，打造艺术品牌活动，为青年学子搭建交流的平台。

第三章主体内容为雕塑美育面向社会的理路和策略，雕塑美育面向社会，具有深远的意义。艺术实践促进社会文化建设，社会实践反哺人才培

---

❶ 对话第⑥期｜《做强雕塑学科制高点：对话雕塑系主任吕品昌》，中央美术学院新闻网，2015 年 6 月 8 日。

养，通过艺术深入生活，参与社会公共文化服务，建立高校与社会的合作模式，不断提升艺术教育实践的水平。

"以美塑人"，通过美育，让受教育者受到感染、熏陶，提升审美能力、对社会的洞察力、认知的敏锐性，培养"生活的艺术家"；通过美育，让受教育者受到教化和感化，使其道德素养、人格魅力得到提升；最终，让受教育者成长为独立的个体。"以美塑人"应有之义包括以下三个方面。

第一，培养"独立之精神，自由之思想"。艺术创作鼓励创新，需要每个人有独特的视角和风格。中央美术学院的美术教育，通过"导师制"工作室的研习，形成严谨的造型基础训练体系，每个工作室都有独特的风格和研究方向，学生经过不断的思考、对比、总结，形成自己的创作特色，坚持以我为主，坚持文化自信，尤其在文化艺术"走出去"之时，更要保持对自身艺术形式的尊崇和热爱。

第二，沉浸艺术，观照社会。艺术创作的大部分时间是孤独的，在浮躁的社会，如果静不下心来，很难创作出好的作品。经过若干年专业课的学习，学生在工作室创作，也是在磨砺自己的内心，沉浸于艺术天马行空的想象之中，以独特的匠心观照社会、体察人生。通过发扬传统美育思想，注重创造性思维的培养，作品关注更广大的社会空间，弘扬艺术为人民服务的传统，创作出紧贴时代脉搏，振奋民族精神的经典作品。

第三，养成完整人格，拥有"家国情怀"。中央美术学院的美术教育，培养学生对美的认知，对形体的把握，对空间的体察，借此培养广阔的胸襟。在纷繁复杂的世界中，不人云亦云，拥有自己的真知灼见，潜心于艺术的钻研之中，具有审慎的人格。人与自然、人与天地逐渐达到和谐，培养具有"家国情怀""社会情思"的艺术人才，坚持美育与德育价值取向的一致性，以美至善，止于至美。

目　录

第一章　构建雕塑美育实践体系

第一节　向历史溯源

中国拥有漫长的雕塑历史，不同历史时期雕塑的表现形式有所差异。学习传统雕塑的历史，可以明晰雕塑教育实践的理路。向历史溯源，一方面可以认清雕塑艺术本身的历史脉络；另一方面在创作过程中了解历史文化，可以从传统中汲取营养。

雕塑是中国传统文化的重要表征。"雕塑是民族文化的重要组成部分，一部中国古代雕塑史同时也是一部由石头、黏土、木头、金属等材料构成的民族心灵史。雕塑一方面具有三度空间的物质实体，另一方面又通过它寄寓、表现了时代精神的内容，它能更直观、更具体、更少掩饰地袒露一定时代的思想观念和情感意绪。""古代雕塑可以成为一条进入中华民族心灵深处的路径，作为古老中华文化的表征和符号，对它的解读和破译，是了解和掌握中国古代文明史的一个不可或缺的重要环节。"[1]

构建雕塑美育实践体系，是一个系统工程。中央美术学院雕塑系作为中央美术学院自建院始的核心学科，在长期的学科调整和建设中，逐渐探索出一条融合中西学术理路、具有中国文化特色的雕塑教育之路，是中国现代雕塑教育的发源地，通过雕塑艺术创作研究，培养创作人才。这一体系的构建，一方面需要向传统雕塑学习，另一方面也是立足传统，观照当下，展望

---

[1] 孙振华：《中国古代雕塑史》，中国青年出版社，2011年版，第2页。

未来的过程。这种教育体系的构建，在传统与现代雕塑艺术中游刃。

中央美术学院雕塑系长期的雕塑实践，注重向历史溯源。从中国古代的匠人，到现当代的雕塑家，都在雕塑艺术上不断求索。从时间轴来看，中国古代雕塑艺术最早可以追溯至新石器时代，石器和陶器的出现，拉开了中国雕塑史的序幕。秦汉和魏晋南北朝时期，雕塑突飞猛进，形成发展史上第一个高峰。隋唐时期是中国古代雕塑艺术步入更为成熟的时代，出现了内容更丰富、技巧更娴熟的佛教造像。宋元时期在写实手法的精雕细刻上有所发展，现实生活气息则大大增强，明清的雕塑沿着古代传统的脉络，继续发展，呈现了定型化与世俗化的面貌，世俗审美趣味日渐增长。

浩如烟海的古代雕塑文物，散落在祖国的各个角落，学习中国古代雕塑历史，不能仅仅停留在书本中的描述，更需要到实地参观，亲临雕塑现场。在对雕塑作品的仔细观察、临摹、比较、研究之后，才能形成更深刻的领悟，内心构建出一条中国传统雕塑的脉络。

一、传统雕塑考察研究

每到 4 月，是中央美术学院的"写生季"，下乡采风，到祖国的各个区域，去感受，去领悟，去浸染，去观摩。艺术写生，不仅是专业教学，还体现团队协作的精神，书本上的作品跃然眼前，罕见的文物本身带来巨大的震撼。雕塑系现有六个工作室，第一、第二工作室为具象雕塑研究方向，第三、第四工作室为雕塑材料与观念研究方向，第五工作室为公共艺术研究方向，第六工作室为本土雕塑语言研究方向。每个工作室都开设了下乡考察课程，其中，第六工作室的"中国传统雕塑考察"是向历史溯源的代表，该课程每年都要精心安排出去两趟，本科二、三、四年级和研究生全部参加，每年分别于春、秋两季外出，正好三年六次。一个轮回把全国重要的与雕塑相关的文物遗存与博物馆走一遍，三年完成六条线路（"三长三短"）的考察。六条线路全线覆盖了大量中国古代传统造型艺术相关的各类文化遗存。

三条长线为西北线、鲁豫苏北线、山西线，安排在春季，约四周时间。西北线是以甘肃、陕西为主的中东亚交流文化区域，约 50 处考察点。鲁豫苏北线是以山东、河南为主的中原本土造型艺术文化区域，约 70 处考察点。山西线则是以山西为主的地面寺庙建筑彩塑文化区域，约 80 处考察点。

三条短线为河北线、西南线、东南线，一般安排在秋季，约两周时间。有河北地区北朝石刻艺术，约 65 处考察点；川渝大足安岳地区唐宋石刻艺术，约 35 处考察点；南京地区六朝石刻艺术，约 45 处考察点。

这种考察形式内容丰富，具有问题意识和针对性，目的就是通过高强度的实物阅读，构建纵横交错的传统造型语言框架，通过这个阅读量，逐渐进入传统造型的语境，进而懂得匠心。同学们路上不断动脑思考，这是内心中古代雕塑系统搭建的过程。一般的下乡实践课程，在检验成果时采用举办作品展览的方式来呈现，此课程有所不同，最终是用一篇总结性的文章，展现出每次考察过程中的见闻及思索，对考察过程中的经历进行系统的梳理。工作室除了论文作业外，关于速写还有一个特殊要求：记录传统造像必须用传统的笔墨，就是必须用毛笔去勾线，画速写。每位老师同学随身都带着几管便携的特制吸水毛笔，通过传统的书画方式临摹学习古代雕塑。

"每次外出考察都是一次认知上的进阶训练，总感觉在被什么追赶。也许这和我们的考察方式有关。我们很少在一个地方停留三天以上，而是以时间和地域为坐标，成线成面地铺开去。少则在博物馆里泡一天，多则每天六到七个考察点，一个月下来，把传统造像乃至建筑与工艺一网打尽。如此密集的信息，在刚开始难免令人眼花缭乱，但慢慢跟下来，尤其是走过一两遭之后，竟也渐次眉目清晰起来。不同地域、不同时期的风格和手法，在互相比照中，慢慢有了呼应和对话。"参与考察的房颖总结道。

雕塑系主任张伟教授在指导学生下乡时告诉学生，学习传统雕塑，应该在大量的"阅读"中悉心体会，只有这样，才能进入传统的脉络，理解传统的语言，逐渐建立起通观和正解。古人学习传统，是以大量的记忆为基础的，在日积月累的过程中慢慢发酵和反刍，在彼此的勾连和比对中融会贯通。而现在的下乡课程，学生们积累了大量的阅读量，通过大量的输入，逐渐进入传统的脉络。

多年来工作室下乡已经形成传帮带的管理模式，正、副团长分别由大四、大三班长担任。住宿、财务、导航、摄影、摄像、灯光、脚架、装卸车，每项任务，细致到位，团内几乎所有人都有份，分工明确，责任到位，一包到底，有的身兼数职。最后五天三年级同学要把任务移交给二年级，以便提前适应秋季考察的任务。

为了考察能达到最佳实效，考察团队做了充足的前期准备。由老师带领同学，由高年级带领低年级。在考察开始的前一周，就各司其职地着手准备工作。老师们负责大方向的决策和指点；研究生查阅各考察点的背景知识，现场进行讲解；本科生则负责团队的事务性工作。考察的过程，是一个潜移默化的学习过程，需要整理归纳，构建自己的学习方式。

中央美术学院雕塑系学生的下乡实践，内容丰富多彩，每个工作室都形成了自己的特色。2017 年，雕塑系第一工作室下乡考察课程——"中国东部，山东—河南—河北地区古代艺术通览与临摹"，周期 25 天。路程 5000 多公里，考察地点 47 个，考察了县级、市级、省级的博物馆，汉画像石艺术，石窟造像，宋陵石刻。大量的两汉时期画像石为研究汉族纯本土的艺术提供了较丰富的信息，使学生初步介入另一种朴素的艺术语言。山东、河北地区北齐的佛造像品质极高，可以此推敲北朝时期东西地区的造像风格差异，向后看东魏至北魏，向西看西魏至北周，同以往西线丝绸之路的考察内容联系起来。反之向前推至隋朝，看到北齐与隋造像品位的紧密关联。这个部分的考察使学生进入另一种造型视觉体验。

第一工作室的临摹速记方式是"捏泥巴"或石膏塑像。同学们的旅行箱里装的是随身必备的泥巴和石膏，完成的塑像再装入旅行箱带回。通过临摹蜕去样式化观察的外壳，目的是尽力拉近与当时作者的距离，逐渐搭建和梳理已学的美术史框架，去印证课本上的所学。同时练手，学习塑造之法，并且阶段性地进入另一种训练系统，尝试新的造型体验。

艺术考察课程的开设，为培养既具备高素质艺术修养，又具备传统造型审美能力的雕塑人才奠定了基础。学习传统雕塑，尤其需要向历史溯源，在这个过程中，梳理传统雕塑的脉络。在当代的历史背景下，"始终将传统艺术文化教育作为基石，加强对学生的人文关怀，凸显学生的主体性地位，通过课程改革的方式寻找流行艺术文化中的美育元素，进而以各种流行的艺术形式，逐步培养学生的健全人格，促使每位学生都能够尊重艺术文化的多元发展，从而提升自己的艺术文化修养，使我国优秀的传统艺术得以继承和弘扬"。❶

二、追循大师之迹，再造经典之作

为展现重大事件、重要节点、重要人物等具有里程碑意义的经典作品，2013 年，中央美术学院雕塑系组织师生完成了人民英雄纪念碑浮雕、抗日战争纪念群雕等经典原创作品的复制与再创作。这些经典之作展现了特定时期的历史面貌，其艺术性和文化内涵往往成为国家、城市甚至一个时代的标志。雕塑艺术历史悠久，梁思成在《中国雕塑史》中如是说："艺术之始，雕塑为先，盖在先民穴居野处之时，必先凿石为器，以谋生存；其后既有居室，乃作绘事，故雕塑之术，实始于石器时代，艺术之最古者也。"❷再造经典不仅为了溯源，也为在经典的基础上更好地传承创新，在雕塑教育中具有重要的作用。

（一）追寻经典锻造之路

人民英雄纪念碑自 1949 年 9 月奠基之日起到 1958 年 5 月揭幕，是新中国纪念性建筑和雕塑艺术的典范，纪念碑浮雕创作"先由参加过革命战争和

---

❶ 任宁：《高校美育教育在人才培养中的融合与提升》，《艺术教育》2020 年第 12 期。
❷ 梁思成：《中国雕塑史》，应急管理出版社，2023 年版，第 1 页。

描绘过战争题材的画家画出最初的草稿，再由雕塑家进行修改和定稿，然后进入泥塑草稿的创作"。"主创雕塑家为刘开渠、滑田友、王临乙、曾竹韶、张松鹤、王丙召、萧传玖、傅天仇"❶，在中国现代雕塑史上具有开创意义。

中央美术学院雕塑系开展"人民英雄纪念碑经典再造"工程，雕塑系师生一行赴天安门广场参观人民英雄纪念碑，这是难得的零距离参观人民英雄纪念碑浮雕的学习机会。雕塑系师生面对纪念碑浮雕，近距离观摩浮雕的每一处细节，学习雕塑技法的同时，也被前辈们的精益求精的态度所感染。如此硕大的建筑，是集体智慧的结晶，中央美术学院雕塑系的师生们临摹翻制了这件伟大的浮雕作品，成果藏在大同市雕塑博物馆。

前辈们筚路蓝缕，为我们开拓了一条路。纪念碑上层座呈方形，台座上是大小两层须弥座，下层须弥座束腰部四面镶嵌着八块巨大的汉白玉浮雕，分别以"虎门销烟""金田起义""武昌起义""五四运动""五卅运动""南昌起义""抗日游击战争""胜利渡长江"为主题，在"胜利渡长江"的浮雕两侧，另有两幅以"支援前线""欢迎中国人民解放军"为题的装饰浮雕。浮雕庄严肃穆，宛如一部凝结在大理石之中的形象史诗，生动概括了人民革命的伟大史实，在新中国成立以后的雕塑史上具有里程碑意义。

此次经典再造活动采用与教学结合的办法，以课题带动教学，由各工作室教师带领雕塑系学生进行临摹创作，学生在工作室老师的指导下，反复揣摩大师的雕刻技法。有的通过制作小稿的方式，把握总体的人物关系，有的依照素描大图，起草泥塑底稿，再在泥稿上区分人物的层次和重叠关系，不断完善浮雕的细节。在临摹的过程中不断发现新的问题，将课堂上所学的理论运用到实际的雕塑创作中。

经典的锻造不是一蹴而就的，而是在当时的历史条件下，历经艰难困苦才得以最终完成的。1974年初，中央美术学院组织了由著名雕塑家王克庆、曹春生、赵瑞英、司徒兆光、张德华、张得蒂、时宜、关竞、郝京平、李

❶ 殷双喜：《国家记忆：新中国纪念性雕塑与主题创作》，《美术》2021年第8期。

德利等领衔的创作小组，创作体现农奴斗争精神的主题雕塑。到 1975 年底，大型泥塑群雕《农奴愤》终于完成。它们采用叙事性写实手法、舞台化的动态造型，具有极强的感染力，曾经在《解放军画报》《人民画报》等杂志上刊载，具有深远的影响力。

曹春生先生是《农奴愤》主题雕塑的主要创作者之一。回忆当年的生活经历，曹先生感慨不已。虽然西藏的生活和工作条件艰苦，但大家都热情地投入工作。曹春生先生认为："要创作出反映农奴悲愤情绪的作品，首先要与群众贴近，要进行大量的采风、访问工作，搜集素材，要深入农区、牧区，与他们同吃同住，进行座谈，然后构思如何才能把苦难表现出来，并找典型的形象创作出来，采取中国传统工艺泥塑的方法，将粗泥做成细泥，再经过干、裂的工序。其中，架子、泥都是由我们亲手制作的。当时的生活条件也很艰苦，他们常常靠吃白萝卜充饥，尤其是在缺氧三分之一的情况下，有的同志开始喘气，但我们都克服了一切困难，坚持完成创作。"在复制的过程中，创作团队力图复原当时的情境，在作品的细节处力图表现农奴愤怒的情绪以及人物动作所传达的张力。

（二）注重技法与人格的双重提升

在复制经典的过程中，后人总是带着对先辈的敬仰之情去学习，其精湛的雕刻技法和崇高的敬业精神让我们钦佩不已。这次复制经典浮雕的过程中，同学们的感触极为深刻，收获颇多。带着对大师的敬仰和自己的虔诚之心，于每一处精雕细琢。

参与创作的同学对雕塑艺术的风格流派体会很深。李震注意到，由于雕塑家的创作风格不同，浮雕的各部分之间也有细微差异。王临乙先生的雕塑作品具有一种永恒感，深得西方雕塑技法之精髓，他的作品《五卅运动》展现了工人钢铁一般的身躯和铁血的意志。滑田友先生的作品具有一种浓浓的法国味和浪漫情怀，其《五四运动》展现了一代热血青年的蓬勃朝气。曾竹韶先生的作品《虎门销烟》也具有浓厚的浪漫主义情怀，在略带夸张的造型中再现逼真的历史情境。刘开渠先生的《胜利渡长江》、傅天仇先生的《武昌起义》具有现实主义的特色，具有一定的写实特点。当然对于风格的区分是见仁见智的，但从中也可以感受到艺术的多元化。

创作的过程展现出精益求精的艺术态度，谈到过程中的收获，李震说："我负责的这块雕塑《胜利渡长江》正对着天安门城楼，因此要求也格外严格，小到一个纽扣的细节都必须精确。让我感触最深的是，对于景仰的先生，之前只是通过图片瞻仰，这次在复制浮雕的过程中，切身感受其雕塑的方式、心理状态，其处理形体、构图的方法，体验到了为国家做事的荣誉感。"

临摹与创作不同，学生在亲身临摹的过程中体会得更多，比如层次、空间、人物之间的关系。例如《胜利渡长江》这块雕塑，特别强调对层次的理解、对空间的处理。在复制的过程中，也发现了前辈处理方法上的小欠缺，这促使我们反思自己在遇到这些问题时该怎么解决，是一次很好的学习过程。

当然，在制作的过程中也遇到了一些难题，因为这些石材已经历经数十年风雨，有风化的现象，一些部分开始模糊。不仅要复制，甚至要复原到未风化前的样子，这是有一定难度的。在雕刻的过程中，时常需要反方向推理，还原其刚做完的状态。李震一开始认为这仅仅是一种低层次的重复，但后来他发现还需要了解老先生的雕刻习惯、概念及局部处理的方式，常常需要从内而外的推理：从里面的人体，到外面的衣服，一一重新复制出来。这需要熟悉解剖学的知识，加强对形体的理解，这些训练使学生的能力产生质的飞跃。

同学们都非常珍惜这个机会，大部分同学利用下午和晚上的时间，仔细研习。此外，他们还明白了团队分工合作的重要性，例如先由专人捏好头部，再由其他同学进一步处理，最后由一个人修缮细节，保持风格的统一性。在再创作的过程中，他们常常感到自身的能力已经达到了极限，但还要进一步突破。进修班的学生们也一直很努力，为《农奴愤》主题雕塑付出很多。从一开始的搭架子到最后的完善，三易其稿，同学们都全力以赴，常常忙到深夜。

（三）以课题带动教学的双赢体制

由老师指导、以课题带动教学，把经典雕塑作为教学的范例，不断发现和解决问题，这是教学体制上的创新。复制人民英雄纪念碑浮雕，是一个学术研究课题，在过程中不断揣摩创作的方法，增加教学方式的多元化，丰富教学题材和面貌。雕塑系主任张伟教授认为："这是一种新的教学模式，与之前的临摹课不同，因为有可触可感的大师的标准在先。倘若临摹古希腊雕塑，同学们只能揣摩，而这是我们自己的体系，是一脉相传的，同学们容易体会其处理方式与思维方法，有一种内心的归属感，往往起到意想不到的功效。"

雕塑系主任张伟教授指导学生创作

复制人民英雄纪念碑浮雕，既是教学任务，又是适应社会的需要，可以实现双赢，它可以锻炼学生的能力和耐心，培养学生踏实做事的精神。把一件事从头到尾仔细地做好，这是年轻学生特别需要的素质，也为其将来走向社会打下坚实的基础。第一工作室的学生平时的浮雕课程非常少，这是非常好的临摹机会。他们可以从前辈的作品中学到处理浮雕的方式、方法，弥补以前课程中的缺失，还可以将从前的理论运用到实践之中。与之前的临摹教学、复制课程不同，这次经典复制活动能更好地让创作者融入进去，创作者只有被大师之作的细腻度感染，才能够精益求精，不断追求完善。此外，雕塑系的老师们不仅引导学生构思浮雕的框架和方向，还督促学生仔细钻研雕塑的细节。学生的小"我"放在了后面，心中有老前辈的"我"、美院的大"我"。

在面积不大的石块上，要展现丰富的人物形象内容，是非常具有挑战性的。前辈为我们树立了一个标杆，后辈只能无限地去接近，不断挑战自己。同学们在此过程中，需要运用自己所学的理论知识，并与实践很好地结合起来。以前的课程中比较注重大体的比例关系，不像这次如此地精雕细琢。对细节的极致追求，反反复复地修改，可以锻炼一个人的心性和品质。

就《五卅运动》这块浮雕而言，它的厚度有15~16厘米，层次非常多，每个人物差不多占5~6厘米。这给雕塑带来很大的难度，在老师的带领下，同学们加班加点，克服一个个难题。此块浮雕是由王临乙先生一手设计并完成的，他先刻画好人物的形体，再雕刻衣服，因此这块浮雕特别经得起推敲。当年老先生做浮雕时，常常还需要人物做模特，然后再进行雕刻，以求逼真的效果。因而这块浮雕也是经典的教学范例，人物的肌理和衣着契合得恰到好处，线条硬朗又不失灵动，具有强烈的艺术感染力。

此次课题教学活动对于学生认识西方教学观念、理解浮雕的教学方法有非常大的裨益。浮雕课程在第二工作室是占有一定分量的，课堂上讲的理论与这次浮雕的实践特别吻合。浮雕运用了非常传统和富有特点的教学办法，例如"无透视""按比例压缩"等创作方法，在模仿的过程中，可以让学生面对实际情况时对课堂上所学的理论知识有更加深入的认识。

活动还增进了学生之间的相互协作精神。大家在一个大工作室工作，互相鼓励，你争我赶，形成只争朝夕的氛围。每块雕塑的分工情况也有所不同，例如《五卅运动》这块雕塑，主要参与者是大三、大四的学生，他们先将底稿做好，然后每个人负责一个模块；而对于由研究生负责的浮雕《胜利渡长江》，则主要由研究生同学牵头负责，协调总体的风格，本科生同学做些基础性的工作。

（四）雕塑理念衣钵的传承

经典的作品是需要不断完善的，它可以为后人提供新的参考与反思的空间。人民英雄纪念碑浮雕是中华人民共和国成立以来，留法一代老前辈回国后将他们所学的西方雕塑理念应用到中国的雕塑题材上的创举，是非常有意义的雕塑，具有划时代的意义和高度的学术价值。纪念碑的形式，是完美的东西方艺术的结合。整体上是中国传统的碑座的形式，浮雕的形式相对西化，比例、尺寸的设计非常精细，基座与碑体的比例非常完美，可以作为教学上的范例。

刚开始接到任务，师生都觉得这个工程非常艰巨，但后来由于学生特别投入，渐入佳境，效果超乎想象。学生们在这个过程中磨砺出来。例如《五四运动》这块浮雕，从中可见雕刻技法的娴熟、人物层次空间关系处理的得当。尤其是人物的衣褶，汲取了中国传统造像的精华，富有浪漫与灵动的气息，契合五四运动的时代精神。

在追随经典的过程中，我们需要有思辨精神。仔细观摩这些雕塑，还是会发现一些待完善的地方，老先生的设计稿经过石匠的打磨之后，是一种再创作。每临摹到一个地方，要仔细揣摩其处理的用意、分析的模式，可以为学生今后的创作提供参考。

在经典再造的过程中，我们还可以反观自身的传统雕塑教学体系，这个传统有两个概念：（1）半个世纪以来形成的、由欧洲现实主义审美体系演化而来，并且经过社会主义中国环境改造的行之有效，且结下累累硕果的现实主义雕塑教学体系。（2）中国上下五千年的悠久历史积淀、丰厚的雕塑艺术传统体系。这是我们一切教学改革和创新的根本，此次经典再造的雕塑作品很好地体现了二者的结合，在教学上也是经典的范例。

此次塑造的浮雕作品，非常契合中央美院的写实传统。前辈们的心血之作，体现了高超的技艺与深厚的文化内涵。好的雕塑需要用脑、用心，贴近生活、直面历史、体现真善美的作品具有经久不衰的魅力。在经典再造的过程中，学生的雕塑技艺及人格都得到了升华，这也是教学体制的一大创新，从而传承古典精神，汲取中西技法，接续中国雕塑理念的衣钵。

（五）雕塑艺术的多角度诠释

对人民英雄纪念碑经典雕塑的学习，除了复制之外，还通过舞蹈、音乐方式进行多角度诠释，让雕塑作品更具震撼的效果，让更多的人感动。1958 年，人民英雄纪念碑屹立于天安门广场，纪念碑浮雕由中央美术学院老一辈艺术家领衔创作完成。在迎接中华人民共和国成立 70 周年之际，中央美术学院青年学生唱响《我和我的祖国》主旋律，通过舞蹈快闪的方式，演绎浮雕《胜利渡长江》，以此致敬先辈、致敬英雄、致敬祖国。

此次快闪活动中，同学们更深刻地体会到雕塑中的"力量""空间""体积"感，以舞蹈的形式，表现当代青年学子聚集在浮雕作品前产生崇敬之感的情景，以此缅怀革命先辈，向中华人民共和国七十周年诞辰献礼。

经过一个月的辛苦历练，参与活动的雕塑系同学深有感触：

能参与学校组织的快闪活动，作为一个雕塑专业的学生感触颇多。同学们要扮演的雕塑是雕塑系刘开渠先生创作的《胜利渡长江》这块浮雕，这个过程我作为一个学艺术的学生，既回溯了那段峥嵘的历史时光，又了解到这块浮雕创作的细节过程，同时在表演的创作过程中结合自己在美院的学习生活。这不仅仅是一个向经典致敬的过程，更是一个学习的过程。同学们排练得都很辛苦，也都很认真，遇到困难大家都积极主动地努力克服！在这样一个集体的活动里我也感受到美院人的精神，很受鼓舞。

——王川

在毕业之际，能有幸参加为祖国庆生的活动，和大家一起完成一件送给祖国的作品，内心还是相当自豪的。作为学生，能把我们所学致以所用，我认为这是一件很有价值的事情。愿祖国的未来越来越好。

——刘震

参加这次快闪活动感触颇多。舞蹈和雕塑有许多相通的地方，首先舞蹈与雕塑都属于视觉的艺术，给人以视觉上的审美享受，其次也是空间的艺术，对实际空间的运用和对空间的关系表现。最后在形体造型上也有相同之处，语言要做到明确、简练，可以通过思考舞蹈，来反观雕塑。

——任波

参加这次快闪活动，有许多收获。首要是增进了爱国之情，缅怀革命先烈，致敬前辈大师。其次是头一次接触舞蹈艺术，发现还是和自己的专业有很多相关的地方，比如同样强调质感、空间，等等，从另一个角度（肢体动作）去理解这些词语，会对自己专业有新的感触和思考。总之，这是一次很有意义的活动，在将来也会是美好的回忆。

——陈啸东

对这次快闪活动的表演深有感触。非常荣幸能通过刘开渠的浮雕作品渡江战役战士角色的扮演，用另外一种艺术的方式深刻体会并了解历史，铭记历史；同时非常感恩那些革命先烈们的浴血奋战，因为他们的牺牲才有我们今天的幸福生活。这次活动对于迎接新中国成立70周年，是非常有意义的，它以"个人"与"国家"的关系为视角，用文艺的形式生动地表达人民群众对祖国的赤子之情。同时，我作为一个年轻的学子更应该学习和敬仰前辈的创作精神，为决胜全面建成小康社会、实现中华民族伟大复兴的中国梦而不懈奋斗。

——梁家富

通过舞蹈的形式，雕塑系学生用自己的理解，展现出人民英雄渡江战役的场景，富有想象力和张力。舞蹈富有动感的韵律，为了更精准地把握浮雕造型，师生团队根据作品找准造型，进行深入的训练，并结合舞蹈道具，深度还原当时的情景，用舞蹈的方式诠释了《胜利渡长江》主题浮雕的艺术内蕴。

三、历史场景学习教育

"一二·九"运动纪念亭坐落于国家植物园樱桃沟，1985年在共青团北京市委员会、北京市学生联合会的发起和组织下，由社会募捐修建而成，已经成为缅怀历史、追忆先烈的重要主题教育场所。2012年，团市委和市学联决定对纪念亭进行修缮改造，并以"青年服务国家"为主题在纪念亭周边设立一系列雕塑，邀请以中央美院雕塑系师生为主体的团队进行创作，凝聚新时代青年人的智慧和力量，为"一二·九"运动纪念亭赋予新的时代精神，留下永恒、经典的文化元素。

（一）"一二·九"历史题材雕塑创作

主题纪念雕塑作品征集活动自2012年5月开始，经历了初选、复选、小稿制作、导师指导、专家评审、最终制作等环节，通过中央美院雕塑系师生与团市委工作人员的共同努力，于2014年5月落成，历时两年。在雕塑系教师团队吕品昌、张伟、孙璐、周思旻、王伟、陈科、于凡等教授的指导下，共计完成作品6件/组。

遥想当年，国难当头，民族危机空前严重。中国共产党发出"停止内战、一致抗日"的号召，推动了抗日救亡运动的高涨。全国各地的学生纷纷走上街头加入救亡图存的游行队伍，"一二·九"运动的精髓便是唤醒了全国人民统一抗日的决心，形成了全国人民抗日民主运动的新高潮，推动了抗日民族统一战线的建立。

在创作之前，团市委的老师组织参观活动，为参与创作的同学们详细介绍"一二·九"运动的历史，以及"一二·九"纪念亭当年的修建情况。通过老师的详细讲解，结合地形地貌，创作的思路在同学们头脑中逐渐变得清晰起来。

在制作过程中，同学们遇到了很多问题，小稿的制作环节非常重要，因为这一步是把平面的设计图制作成立体的雕塑稿子，从构图到人物形象、服装和动态都是在这一环节完成的，这为之后的雕塑放大打好了基础。又经过几次小稿的评审，并做了一次创意理念和小稿的展示，供领导提出更完善的修改意见。创作过程中，同学们也有很多收获："雕塑系的各位老师不仅帮助我们有效地克服了各种困难，掌握了更多的技能，更重要的是我们从老师身上学到了解决问题的不同方式以及认真负责的工作态度。"

纪念亭北广场主体浮雕《青年服务国家》高 2 米，长度达 6 米，材质为汉白玉大理石。罗旦这样谈到自己的创作历程："本科四年级时，我课下研究浮雕，并做了一些练习，渴望着完整地制作一块浮雕，正好'一二·九'纪念亭的方案征集让我有了机会，于是便以很大的热情参与，画了很多方案稿。最后在系里老师的指导下，顺利通过。方案通过后，经过了一段较长时间的方案修改细化，而这段时间我也有幸参与了人民英雄纪念碑浮雕的临摹复制工作，等比例临摹了滑田友先生的《五四运动》，也在英雄纪念碑上零距离地观看了原作，这让我受益匪浅，也为后来的浮雕创作提供了帮助。"

杜英奇、黄山、陈玮祺团队完成两件作品，《志愿者》展现出北京奥运会的志愿精神，饱含中国特色，继承了中华民族的传统美德，也体现并塑造着和谐社会的新型道德观。志愿者身上闪烁着艰苦奋斗的奉献精神。"正其谊而不谋其利，明其道而不计其功"，在中国传统文化里，"奉献"更多地表现为一种内省的精神，包含了尊重他人、同情弱者、与人为善、严于律己、勇于奉献的现代意识，带有时代进步的鲜明烙印。

《支教》展现出青年人不怕困难，勇敢面对挑战，热爱自然，积极投身建设的蓬勃朝气与奋发向上的精神。当代青年要不断深化竭诚奉献、服务社会的意识，把奉献精神转化为强烈的责任感，把工作激情转化为坚定的意志品格，把强烈的参与感转化为高水平的专业服务，充分展示青年志愿者

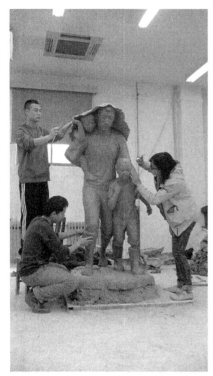

创作团队代表杜英奇、黄山、陈玮祺、罗旦制作雕塑

良好的精神风貌和能力水平,努力在平凡岗位上、在艰苦环境中取得新的成绩。

王凯、孟超的《青春力量》用人们手中握紧的飘带,象征着抗日民族统一战线,它是连接各个爱国阶层的纽带,化无形为有形。王凯这样回顾创作的历程:"我们创作的第一念头就是一定要以'联合'为出发点,一定要表现出全国人民团结起来对抗外族侵略的精神风貌。再结合樱桃沟具体环境,樱桃沟位于国家植物园,自然植被保存完好,草木丛生。全国人民联合抗日并不是一个人与两个人的事情,这个雕塑应该代表的是全体中国人的心声,与其用具体的几个人物形象来表达当年'一二·九'运动参与者的精神风貌,还不如只截取游行人群中的高举的拳头,这样没有了具体的人物形象,反而更突出了精神所在。"

李渊博、曹淑海的《与历史的对话》,利用"收复失地"原有石刻,在历史遗迹的基础上新增了两名代表北平大学生的人物形象，使观者在欣赏雕塑时身临"一二·九"时期，爱国大学生镌刻"保卫华北，收复失地"的生动场景，通过与历史的对话，感受华北事变后，爱国青年学生反抗日本帝国主义，要求保护中国领土完整和收复失地的决心。

周一然、侯镝的《北京青年报》以放大的报纸为灵感，制作了一件在空间竖立展开的报纸，并在报纸上制作了浮雕和文字。正面为运动员金晶保护奥运火炬的场景，背面为年轻人植树的活动，将圆雕与浮雕有机地结合在一起，使之成为一件既有观赏性又有阅读性的雕塑作品，展现出青年人不怕困难勇敢面对挑战的蓬勃朝气与奋发向上的精神。

通过"一二·九"雕塑的设计、创作工作，同学们在这次活动中得到了历练和专业水平的提升，并深切感悟到青年服务国家的荣誉感。雕塑放置在樱桃沟，给樱桃沟带来了新的气象，也为北京市增添了一个新的爱国教育景点。回顾整个历程，同学们不但对过去的历史更加了解，也更加懂得了美好生活的来之不易，铭记不朽的"一二·九"运动。

（二）参观历史文化古迹

除了主题创作，雕塑系还组织学生参观卢沟桥，铭记历史，担当未来。为引导青年学生接受爱国主义教育，自觉践行社会主义核心价值观，雕塑系组织学生代表参观卢沟桥和中国人民抗日战争纪念馆。卢沟桥上的石狮雕塑，既是沧桑历史的见证，也是中国传统雕塑技法的生动代表。穿过宛平古城门，进入卢沟桥景区，一座古桥赫然映入眼帘，微微弯曲的桥身架在结冰的永定河上，桥面中间有战争留下的凹凸石板，不由得让人想起那段历史。

寒风凛冽，一位 89 岁的老人自愿担任讲解员，介绍他和卢沟桥的这段历史。他详细介绍了卢沟桥七七事变的经过，这座桥遭受了什么样的枪林弹雨，从"半殖民半封建"的时代变成人人丰衣足食、有养老福利的幸福时代，我们应该珍惜今天来之不易的生活。我们不能忘记历史，因为那是我们的根。同时他介绍了卢沟桥中间的大块凹凸的石板的历史。卢沟桥下水面结着冰，老党员志愿者讲述生动，同学们也听得入神，仿佛历史的场景就在身旁。

卢沟桥桥面两旁有石栏杆，栏杆望柱头上雕刻着石狮子，雕塑系同学细细地从专业角度去欣赏石狮子，分别从年代、体积、动态角度讨论着造型空间，为什么雕刻得如此雄浑？其艺术特色有哪些可借鉴？每只狮子都独一无二，有的头呈方形，身体饱满，有的头大呆萌。尤其小狮子，圆雕和浮雕的造型手法切换浑然一体，小狮子造型千姿百态，顽皮有趣。

此外，雕塑系还组织部分师生参观河北保定系列革命纪念馆：白洋淀雁翎队纪念馆、冉庄地道战纪念馆、晋察冀边区革命纪念馆。

抗日战争时期，活跃在白洋淀的水上游击队——雁翎队，利用有利的地形，驾小舟出入芦苇荡中，声东击西，神出鬼没于茫茫河淀上，沉重地打击了日本侵略者，谱写出一曲曲白洋淀人民抗日救国的凯歌，"雁翎队"也因此闻名中外。纪念馆再现了雁翎队英勇顽强、机智灵活地打击日寇的生动场面，也记录了党和国家领导人接见雁翎队代表、弘扬雁翎精神的感人场面。展陈内容包括：全面抗战的爆发与冀中抗日根据地的建立、雁翎队与水上游击战、喜迎抗日战争的胜利等。

冉庄地道战纪念馆保存着千米地道主干线及部分战斗工事和地道口，充分展现了中国百姓的智慧。地道连接着方圆几十公里的村庄，具有隐蔽性，成为能打能躲、防水防火防毒的地下工事，并逐渐形成了房连房、街连街、村连村的地道网，内外联防，互相配合，打击敌人，使冀中平原成为阻击日本侵略军的重要地段。

晋察冀边区革命纪念馆，是晋察冀军区司令部在河北保留完整的机关旧址。军民创造的地雷战、地道战、破袭战、麻雀战等一系列游击战法打得敌人魂飞魄散。艰苦的抗日斗争，锻造了狼牙山五壮士、回族抗日英雄马本斋、子弟兵母亲戎冠秀、人民好干部周建屏等一个个永垂史册的英雄人物。

一进入纪念馆的后院，就看到一批抗战主题雕塑，这些多是由中央美术学院老一辈雕塑家所作，他们的雕塑技艺和爱国精神值得我们学习。参与考察的学生有深刻的感悟，张金宏称："这只是一次参观，却给了我别样的震撼，随着校车的行驶，恍惚间意识到，这是一种传承，我们是祖国未来的希望，我们将接过他们手中的担子，保卫我们的祖国，建设我们的祖国，未来属于我们，现在，起步，加油。"

（三）历史题材写生创作

雕塑系师生还参观中国人民抗日战争纪念馆，文物藏品以 1931—1945 年抗日战争时期的各种历史文献和相关实物为主，内容涉及军事、政治、经济、文化、社会等诸多历史侧面。通过这次参观活动，雕塑系同学更加深刻地认识到，如今的和平岁月是通过中国共产党带领中国人民浴血奋战出来的，尤其是老党员的亲身讲解，使同学们在寒风中听得肃然起敬，进一步激发了内心的爱国之情，提高了修养，坚持"不忘初心、牢记使命"，为实现中华民族伟大复兴的中国梦不懈奋斗。

暑期社会实践是大学生了解社会、体察历史文化的重要窗口，通过与专业结合的方式，他们在考察的过程中不仅用眼悉心观察，还动手绘制主题作品，这也是对造型能力的一种锻炼。2015 年是中国人民抗日战争暨世界反法西斯战争胜利 70 周年，雕塑系组织同学参观中国人民革命军事博物馆。博物馆筹建于 1959 年，是向国庆 10 周年献礼的首都十大建筑之一，也是国家大型综合性军事历史博物馆。雕塑系学生通过对展品的速写，加强了对这段战争历史的认识。

广场内主要陈列中国人民解放军在历次革命战争中和新中国成立后海防、边防、空防斗争中曾经使用和缴获的，以及中国自行研制的部分武器。陈列的兵器分为轻武器、火炮、装甲车辆、导弹、舰艇、飞机六个部分。

同学们一边参观，一边舞动手中的画笔，体会很深："一进去馆场，一股浸润着历史庄严、满含着中国民族不屈精神的世纪之风便扑面而来。由于展馆翻修，我们不能进入场馆内，只能在户外参观，但大量陈列着的中国近代以来的军事装备，有模型、有实物，件件都渗透着中华民族的那种绝不屈服、永远向上的精神。那高耸的'东方红一号'导弹更是阐述着中国人民发自内心的自信和骄傲。我观察它很久并画了张速写。一些当年参加过战斗，或许还立下过无数次战功的飞机、坦克、轮船、火炮静静地在那里躺着，将那曾经的霸气深藏起来，一动不动，纵使那风一次次呼啸而过。它们已经完成了历史赋予自己的使命，现在所需要做的就是在那静静地躺着，享受着无尽的敬意。"孙铎激动地说道。

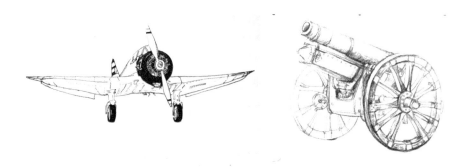

学生手绘草图

"我以为人们不会对这些废弃的武器感兴趣，可发现他们并不是来看武器的，而是那段战争史，坦克、飞机、炮台上依然保留的战争痕迹，人们看到，然后想象，对自己国家更加有信心，并铭记这段历史，对现在和平时代更加满足。我们美院的同学在参观的同时也拿笔画下这些'功臣'们，这也算我们对其尊重和纪念的一种力所能及的形式。"吕鑫杰感叹道。

"加入暑期社会实践团，我们各年级的同学和老师一起结伴去军事博物馆，收获颇丰。第一次站在真实的军事战斗机面前，一下显得我们特别渺小。各国制造的坦克、歼击机、榴弹炮等映入眼帘，我深刻体会到曾经作战的士兵们战场上的艰辛，画了几小幅速写以作纪念。路上一直在想作为军人如此不易，我们在如此和平的岁月，更应该好好努力，把握青春，充实生活。"倪秉栩这样说道。

铭记历史，珍惜当下。同学们深切感受到近代战争的残酷与艰难，而近年来中国的军事科技水平实现了跨越式的发展，军事实力不断提升。复兴之路，曲折坎坷。"宁可前进一步死，绝不后退半步生。"高唱那激荡人心，催人奋进的"东风吹，战鼓擂，现在世界上究竟谁怕谁？不是人民怕美帝，而是美帝怕人民"。战歌的情景仿佛就在昨天。它时刻警醒着我们勿忘国耻、奋发向上。

无论是下乡写生，实地考察雕塑文物古迹，还是临摹近代史上经典的雕塑作品，抑或参观历史文化遗迹，用造型专业知识加以表现，都是向传统致敬的过程。学习中国传统雕塑，不仅可以习得中国古代的造型技法，感受到或厚重、或质朴、或趣味、或精妙的艺术水平，还可以对中国历史文化进行深度的体悟。如此，雕塑美育实践，立足于专业基础，在考察历史文化的同时，让学生得到历史文化知识的熏陶、人格的陶冶，培养具有博大情怀、历史意识、专业扎实的青年雕塑艺术人才。

第二节　为时代发声

培养面向新时代的艺术人才，不仅需要向历史溯源，学习扎实的造型基础，还需要博古通今，了解当下社会的热点，关注时代、关注民生、关注更广大人民的生活，如此，雕塑美育实践体系的构建才更加立体。艺术教育应面向社会，展现对时代的关注。

习近平总书记看望参加全国政协十三届二次会议的文艺界、社科界委员时指出，一个国家、一个民族不能没有灵魂。文化文艺工作、哲学社会科学工作在党和国家全局工作中居于十分重要的地位，在新时代坚持和发展中国特色社会主义中具有十分重要的作用。新时代呼唤着杰出的文学家、艺术家、理论家，文艺创作、学术创新拥有无比广阔的空间，要坚定文化自信、把握时代脉搏、聆听时代声音，坚持与时代同步伐、以人民为中心、以精品奉献人民、用明德引领风尚。

中央美术学院雕塑系数年的雕塑实践，与时代紧密结合，紧贴时代脉搏，努力探讨多元化、全方位的人才培养模式。雕塑系的学生近年来越来越活跃，创作面貌也更加丰富多样。不论是课堂教学还是课外创作，创作状态很积极，创造力得到充分发挥。这有赖于雕塑系的教学探索，鼓励学生大胆实验、大胆探索，无论是材料试验，还是观念实验，通过不断的尝试，推陈出新。在教学中，教师力求把更多选择的可能性提供给学生，让学生大胆尝试、体验当今最活跃的元素，启发学生用专业视角去看待问题，拓展自己的艺术思想，全面而深入地思考艺术与社会生活的关系，在艺术的道路上不断精进。

以"我的 20××"中央美术学院雕塑系年度学生优秀创作展为例，该展览以年度命名，呈现每一年雕塑系学生的创作成果，是对一年艺术积累的总结和展示。艺术创作反映当下时代热点，无论是高科技、声光电的体现，还是对时代楷模的塑造，或是表现航天英雄，都表现了时代的日新月异，体现了艺术认知与社会的契合。这些作品展现了同学们在雕塑形式、语言、材料方面的探索心得，学生们潜心于雕塑技艺，打下了坚实的造型基础，同时以善于发现的眼光，保持创作的激情，创作的作品具有思想的深度、形式的新颖度，既坚持了传统的雕塑语言，也有材料的出奇制胜和对雕塑空间的新探索。"雕塑系年度创作展"是一个常态化的学术交流平台，把教学的要求融入个人的创作中，把课堂上的作品在课下进一步深化，展现出持续的创作状态，不断激发学生的创造力、想象力以及创作的主动性。

除了雕塑系常设的学术主题展览，还有很多与时代紧密结合，展现当代雕塑风采的主题活动，这些活动拓展了青年学子的学术外延。

一、为时代人物造像

时代人物，是各行各业的优秀代表，他们在或平凡的、或不凡的岗位上，兢兢业业，甘于奉献，是人们学习的榜样，也是时代精神的代表。为时代人物造像，是响应国家号召，以人民为中心开展创作的实践，也是向时代人物学习，学习其积极进取、勇当先锋的精神。在创作的过程中，近距离与时代人物接触，为其人物风采所感染，对青年学子来说，是一次潜移默化的教育，也是了解社会、感受时代、体察人生的契机。

（一）为劳模造像

为响应习近平总书记在文艺工作座谈会上"坚持以人民为中心的创作导向，创作出更多无愧于时代的优秀作品"的讲话精神，2015 年 4 月 26 日，在五一劳动节来临之际，中央美院两百多名师生在北京市劳动人民文化宫太庙享殿广场汇聚一堂，为北京市百名劳动模范代表现场造像，创作了 150 件艺术作品，包括油画、雕塑、水墨、水彩、速写、素描等传统人物造型艺术形式，记录当代劳模的风采，场面十分壮观。

"在新中国美术发展历史上，关注人民、塑造劳模形象一直是主流命题，在中央美术学院的历史发展过程中，曾涌现出一批优秀的表现劳模主题的作品"。"关于劳模形象的塑造上，艺术家们探索出了英模速写、群英会以及描绘劳模的业务能力、个人品质等形式。在筹备这次主题活动过程中，学院对以劳模为主题的创作进行了学术梳理，本次集体创作活动是中央美院历史上规模最大、最为集中的一次创作，也是这一优秀传统学脉的传承与延续。"❶

雕塑系也组织师生为劳模塑造雕塑作品。在活动现场，师生临摹劳模的神态，准确把握人物的精神状态，在短短的两小时内，塑造的雕塑作品，不

---

❶ 《为劳模造像：两百师生同时创作，百名劳模立身成像》，中央美术学院官网，2015 年 4 月 26 日。

仅形似，而且神似。作品彰显首都劳模的风采，也用艺术的方式展现主题人物的精神风貌。

师生集体为劳模造像

（二）为感动中国时代人物塑像

除了为劳模塑像，雕塑系还组织师生为感动中国时代人物塑像。2016年11月13日，雕塑系第二工作室的师生在周思旻老师的带领下，早早来到四层的天光教室，准备好了雕塑材料和工具，迎接一位年轻英雄的到来，她就是被全国人民称作"最美女教师"的张丽莉老师。为支持中央电视台"感动中国"纪录片的拍摄工作，师生们用一整天时间进行了紧张的雕塑创作，用集体的力量还原了一个平凡中蕴含着不凡、危难时挺身而出的最美女教师形象。

张丽莉曾经是佳木斯第十九中学的初三语文老师，也是一名班主任。2012年5月8日，放学时分，张丽莉在路旁疏导学生。一辆停在路旁的客车突然失控冲了过来，危急时刻，张丽莉将车前的学生用力推到一边，自己却被轧在大巴车车轮下。车轮从张丽莉的大腿碾轧过去，路面满是鲜血。被轧伤后她有时清醒有时昏迷，在送医院的途中，还对大家说：要先救学生。昏迷多天后，张丽莉醒来的第一句话是："那几个孩子没事吧？"她用生命为孩子筑起了一道高墙，用自己的爱照亮了孩子们今后的路。

大爱无疆，张丽莉老师被人民称为"最美女教师"，她的英雄事迹不但温暖了一个民族，感动了一个国家，还照亮了人们心灵的世界。张丽莉老师微笑着坐在轮椅上，配合着师生们进行创作。同学们更加真切地感受到了"最美女教师"的善良与爱心，激励着大家将舍己救人、美丽的、坚强的张丽莉老师生动地塑造出来，使她的精神传扬下去。

二、引领学术前沿

（一）国际学术交流"工作坊"

雕塑系的学术课堂不仅是系内的教师参与，还经常邀请外校的艺术家进行指导。2014 年 5 月，为活跃雕塑系学术氛围，拓宽学术视野，雕塑系邀请荷兰雕塑家、画家、公共艺术家汉克·维奇（Henk Visch），开展为期一个月的国际学术交流"工作坊"（workshop）课程，由汉克·维奇和于凡教授共同授课。参与的学生有德国明斯特艺术学院的 15 名学生，雕塑系第三工作室本科四年级学生、部分第四工作室学生和研究生，他们在"工作坊"互相学习，犹如一个锻造的大熔炉。同时，课程也吸引了许多"旁听生"。

"工作坊"可以提供各种不同立场的师生们思考、探讨、相互交流的空间，对于常规的教学来说，是一个有益的补充，提供一个丰富多彩的"第二课堂"，让参与者能够相互对话沟通、共同思考，利用比较轻松、有趣的互动方式，一起讨论如何推动方案的实施。

课程开始前，汉克·维奇为大家奉上了一个精彩的讲座，展示了他不同时期的诸多作品。作品充满想象力、创造力，富有隐喻、张力和阐释空间。在他的创作理念中，"记忆"占有重要的位置，他特别提到了对记忆的保存，以及记忆唤起的机制。在他看来，脑海中的素材都是记忆的载体，在面对新的情境时，过去的记忆与现在的情境可以找到一些相似之处。汉克·维奇的艺术作品包含了孩童般天真烂漫的气质，同时又反映出对于社会、人性和记忆的深层次思考。

在课堂上，汉克·维奇旁征博引，与同学们讨论一些不被学生熟知的艺术家，探讨如何去发现自己身体的空间、怎样看待艺术与艺术家的行为等问题。这些都开阔了同学们的视野。中德学生们在课程中展示自己的作品，交流思想与观点，氛围轻松自由，时常碰撞出艺术的火花。

前两周的主题为"合作"，以中德学生合作完成作品的形式进行。汉克·维奇并不规定学生做什么，而是通过提问的方式引导学生思考。通过这种方式，提问的同学有思考，被提问的同学有更多的信息来源，再回头来看自己的作品，有更多收获。学生自由分成两组，在小组合作的过程中，学生对自身的创作方法、看法及习惯都可进行有趣的交流。

5月16日，在雕塑系基础部工作室举办了课程一阶段成果展。有的作品表现语言翻译的迷失，有的撷取在北京的所见所闻加以创作，有的以行为艺术表达内心的感受。汉克·维奇一一点评了同学们的作品，肯定了他们的创造精神。他笑称："有时候什么都不做也是一个不错的选择。"正是在这种轻松自如的环境下才能最大限度地激发创造的活力。

后两周的主题为"介入空间"，以中国学生为主力，对雕塑系大堂的物品、摆设及装置进行改变，以此重构新的场景，赋予空间一个新的身份。与上次的创作方式不同，这次是让学生充分利用空间原有物品，发挥艺术想象力，进行一次将教学空间转为艺术空间的实践。

6月3日，课程二阶段汇报展在雕塑系一楼大厅举行。作品引发了对公共性的探讨，汉克·维奇说："当我们要做一个群展时，得知所有人的作品情况是非常重要的。必须知道每个人做的什么作品，在什么位置，内容和位置对你的作品的表达有什么影响。"艺术介入公用空间不再是一种单纯的创作，而是一种"呈现"，需要考虑到观众。在某种程度上，这也让学生领会了策展的艺术，意识到了团队合作的重要性。从囿于自身的圈子，到考虑他人，介入公共空间，这是一个很大的提高。

谈到收获，每个同学都有自己的心得，对于多数德国学生而言，这是他们第一次来到中国，此次课程班让他们对中国文化有了更深刻的了解，也感受到了语言对于沟通的重要性。中国学生也有很多收获，首先是课程的"合作""公共空间"的理念，深深印在学生的脑海中，对他们从事艺术创作有很强的启发性。其次是与外国学生大胆交流的心态。对他们而言，与德国学生共同交流的两个星期，是了解国际艺术界的一个窗口。学习之余，学生们一起赴故宫、长城、明十三陵、颐和园游览，在这个过程中，他们共同收获了合作的精神和真诚的友谊，这是弥足珍贵的。

"它山之石，可以攻玉。"学术的交流对于雕塑系的教学有激励作用，此次学术交流"工作坊"引入当代国际视角，为传统的艺术教学打开一扇窗。这种"工作坊"式的课堂是一个平等的平台、自由的平台，同时充满了互助和感恩的氛围，激励学生不断奋进。

（二）参加国内外大型展览

中央美院雕塑系鼓励学生在更大的平台锻炼，不少学生参加了全国美展雕塑展、雕塑双年展等大型展览活动。作品呈现出成熟的技艺，展现出对当下社会问题的思索。

国际雕塑双年展从 2011 年开始，至今举办四届。年展设立的初衷，就在于树立"问题意识"，围绕当下最热点的学术话题，倡导研究精神。展览在策划之初，就着眼于未来和国际，把机会聚焦到青年人身上，培养中国未来的雕塑力量，也是中国雕塑走向国际的一批力量。

"2011 大同国际雕塑双年展"是中国首次以雕塑艺术形式命名的双年展，由中国美术家协会、中央美术学院和大同市人民政府共同举办，为期两个月，来自 9 个国家的 88 位雕塑家送选参展作品 324 件组。它是中国雕塑界的一次重要盛会，是中国雕塑团队近些年来的学术水平和创新成果的集中体现和展示。展览主题定为"开悟"，取自佛教文化用语，内涵丰富，借此推动当代雕塑与传统文化艺术的交流互动，并与大同的地域文化发展相呼应。

参展艺术家阵容强大，既集合了中国美术家协会雕塑艺术委员会专家团队的学术力量，又展现了活跃的当代青年创作队伍的创新成果；学术论坛形式新颖，演讲人为最具影响力的雕塑家和学者，提升了双年展的学术价值和文化品位。此外，由中央美术学院、中国雕塑学会、中国美术家协会雕塑艺术委员会和大同市人民政府共同主办的"2011 曾竹韶雕塑艺术奖学金"毕业生优秀作品展与雕塑双年展同时举行，共有全国 17 所美术学院和地方艺术院校参加，参展学生人数和作品 101 人 / 件组，作品各具特色，集中体现了本年度中国雕塑艺术高等教育的最新成果。"曾竹韶雕塑艺术奖学金"与双年展的同台献艺，为青年学子与知名学者、艺术家的交流搭建了平台，对于刚刚走出校园，有志于美术事业的青年才俊产生深远的影响。

"2013 大同国际雕塑双年展"共有 159 位雕塑家送选参展作品 280 件组。展览主题定为"延伸"，寓意在第一届展览"开悟"的基础上进一步拓展，向更深更广处延伸，希望双年展能够推动当代雕塑与传统文化艺术的交流互动，并与大同的地域文化发展相呼应。此次展览采用策展人制，主要分为三大板块：用雕塑激活城市、当代雕塑的方位、文明的质感。此外，还有中国美术家协会雕塑艺术委员会的委员展和平行展，旨在促进展览的多元化。此外，由中央美术学院、中国雕塑学会、中国美术家协会雕塑艺术委员会和大同市人民政府共同主办的"2013 曾竹韶雕塑艺术奖学金"毕业生优秀作品展与雕塑双年展同时举行，共有全国 17 所美术学院和地方艺术院校参加，参展学生 112 人，作品 137 件，作品集中体现了 2013 年度中国雕塑艺术高等教育的最新成果，具有一定的前瞻性。

这次展览还举办了学术研讨会，策展人、著名理论批评家对此次展览及当代雕塑艺术进行了深入探讨，从理论和实践的层面提出了很多的议题，彰显了双年展的学术价值和文化品位。

2015 太原国际雕塑双年展，展览主题为"新态"。因为求新、创新是艺术生命富有活力的象征与保证。所以，不断创新、勇于创新是每一位艺术家的心愿，也是广大雕塑工作者的创作动力之一。展览划分为新境域、新做物、新界面、新视场、新陶式、新晋风六大板块，采用策展人与组委会专家组相结合的模式，由著名雕塑艺术家担任总策展人，并由当前国内著名的中青年策展人担任各板块分策展人。此次展览共展出来自国内外的雕塑作品三百多件，作品材质涉及金属、石、布、水泥、树脂、陶瓷、木等，关联影像、声音等装置，不仅包含当代著名雕塑艺术家的精品力作，更展示新锐艺术家的佳作。

此次展览凸显了中国近年来雕塑艺术创作的新面貌、新探索、新动态。在创作题材、材料应用及表现手法等方面大刀阔斧，锐意拓新，不乏先锋前卫的创作理念，给人耳目一新的感受，其创新性与艺术性值得肯定。在空间布局方面，为了全面体现当前雕塑艺术发展盛况，太原美术馆不仅开放全部室内展厅，进行展厅改造，还专门开辟室外空间用于展示大型雕塑作品。

2018 大同国际雕塑双年展，参展作品为 2015 年以来的新作，分为五个板块，共 250 件作品。之所以强调新作，除了有鼓励后进，为青年雕塑家创造更多机会的用意，它还提醒每一个雕塑家，创造是我们的生命，唯有永不停步，才能保持艺术之树常青。五个板块分别从"器物""具象""材料""户外""科技"入手，具体诠释了中国当代雕塑究竟是如何"不同"，是中国当代雕塑最为活跃的五个学术方向。

展览让我们看到了中国雕塑的无限可能，姿态各异的作品构成一部恢弘与细腻并存的视觉交响乐。这些作品呼应着时代风气与个人心性，从而汇入大时代文艺创作的合奏，在当代艺术版图中书写新的精彩篇章。

雕塑双年展是雕塑界的重要学术展览。近年来，展览中涌现出非常优秀的青年雕塑家和丰富的作品面貌和形式，这与中国艺术院校扎实的雕塑教育密不可分。青年雕塑家的推广平台的涌现，连续举办的"曾竹韶雕塑艺术奖学金"、"明天当代雕塑奖"、中国雕塑学会的"青年雕塑沙龙"等，对青年雕塑家的成长起到了助推作用，此外，媒体的介入宣传，展览平台、宣传平台等的改变，也是促使青年雕塑人才大量涌现的原因。双年展作为引领雕塑学术前沿的展览，展现出多元的学术视野、鲜明的问题意识。与成熟艺术家同台展示，为青年艺术家提供创作的动力，也是其初露锋芒的机会。

类似的大型雕塑展览还有很多，例如"时代经典——2019 中国雕塑学术邀请展"，该展览面向全国邀请著名雕塑家参展，是中华人民共和国成立 70 年来，中国雕塑界老、中、青三代著名雕塑家代表的一次集中展示。

"时代经典——2019 中国雕塑学术邀请展"依照新中国雕塑发展 70 年的三个阶段的代表作品，按照策展理念，划分为三大板块。第一板块：海纳百川、波澜壮阔，铸就时代经典；第二板块：中流砥柱、助澜推波，担当时代中坚；第三板块：江海新浪、乘风起航，抒发时代新声。展览引领学术前沿，展现出中国当代雕塑的多元面貌，很多优秀的雕塑学子参加展览，用个性化的造型语言，展现出对学术问题的思索，呈现出鲜活的当代雕塑崭新面貌。

三、紧贴时代脉搏的主题创作

习近平总书记在 2019 年看望参加全国政协十三届二次会议的文艺界、社科界委员时指出："为时代画像，为时代立传，为时代明德。"中央美术学院雕塑系始终坚持"青年服务社会""艺术从群众中来"的宗旨，将党建工作与专业知识相结合，开展雕塑美育实践活动，培育优秀雕塑人才，开展了一系列主题创作活动以及建立在亲临现场、深入交流基础上的主题创作。

（一）"民警故事"主题创作

雕塑系结合社会实践，紧贴时代脉搏。2021 年，恰逢建党百年之际，在雕塑系直属党支部书记孙璐的带领下，支部与北京市公安局政治部开展共建活动，让学生在实践中了解国情、开阔视野、提升能力。6 月 17 日，中央美术学院雕塑系师生参观北京警察博物馆，博物馆采取编年史与重大专题相结合的展陈方式，向社会全方位、多角度地公开展示首都公安所走过的艰辛历程，同学们了解到首都公安在改革开放以来，为维护首都稳定，保卫人民安全等方面所作出的巨大贡献。

博物馆共分为四大展厅：北京公安史厅，刑事侦察、监所厅，警种职能厅，警察文化及警械装备厅。为寓教于乐，博物馆还设置了指纹识别系统演示、全真场景模拟射击训练等多项可操作互动项目。北京警察博物馆还展出有关警察的实物、图片和模型，集中表现了中华人民共和国首都人民警察的光辉历程。北京警察博物馆是社会各界全面了解首都公安工作的重要窗口，密切警民关系的纽带，也是法制教育、爱国主义教育的重要基地之一。

一楼大厅处由青铜铸造的警魂柱，以山石为基，象征人民警察的坚不可摧，气魄无比，主体造型的正面是剑盾与警徽，左侧是象征法律精神的龙生狮狨，右侧是象征人民警察至死不渝的凤凰涅槃，背面镌刻着人民警察的誓言，在警魂柱的上端，雕塑以无数个重叠着的人用脊背扛起和平鸽为造型，这寓意着人民警察捍卫国家尊严和维护社会平安，人民警察是支撑共和国的擎天立柱。

参观北京警察博物馆，同学们深感首都民警在为维护社会稳定方面作出的卓越贡献、面对危险的大无畏精神。博物馆外观高大庄严，象征着警察神圣的威严。随后同学们参观了大量的史实实物，它们记录见证了刑事、监所机构的建立和完善，其中的具体刑事细节十分令人震撼。同学们参观完博物馆，震撼之余也切实体会到了警察是社会安定的强大后盾，是国家安全和社会安宁必不可少的坚实屏障。

最令雕塑系师生感动的是一个用红砂岩雕塑而成的"英烈墙"。高 8 米、弧宽 18 米的"英烈墙"以高度凝练的艺术手法，寓意了英烈精神的永存。雕塑上烈士的名字，似乎讲述着他们的光荣历程，那一双双充满真诚与渴望的眼睛，诉说着他们对人民的忠诚。通过参观，师生深刻感受到了警察这一职业的特殊意义，他们英勇无畏、宁死不屈、舍己为人、为了群众不惜自我牺牲，师生了解到警察这份职业的艰苦和不易，发自内心地尊重这份职业。

雕塑系师生与北京市公安局政治部研讨交流，广泛开展调研，力求精准对接。紧紧围绕习近平总书记在中国人民警察警旗授旗仪式上"对党忠诚、服务人民、执法公正、纪律严明"的重要训词，青年学子了解首都公安队伍，支持首都公安工作，传播首都公安正能量。无数公安民警扎根基层、耕耘基础、顽强拼搏、默默奉献，在主动排查一起起矛盾、化解一处处风险源头中做到防范在先、处置在早，在一个个街角巷落严密守护、一起起案件公正执法中维护了一方稳定、保卫了一方平安。在一项项服务管理措施改革创新中让老百姓办事少跑腿、更便捷，真正实现"矛盾不上交、平安不出事、服务不缺位"，有力增强了人民群众的获得感、幸福感、安全感。

在参观北京警察博物馆、座谈交流，有了直观认识的基础上，2021年9月以来，雕塑系直属党支部召开多次会议，雕塑系师生参与方案讨论。同学们绘制草图，此后还通过线上、线下讨论，逐步确定创作方案。在个人单组构图的基础上，分成六组，以组为单位，绘制整体构图，从一系列的单组构图到整体构图，经过不断调整，教师党员给予学术指导，创作方案初步形成。

北京市公安局政治部与雕塑系多次就方案进行交流，对方案的一些细节进行进一步优化，讨论后确定新的警种排序，并结合"红墙卫士、中心区防控岗、反诈宣传、长城女警、未诉先办、副书记胡同、高宝来服务、环京外围疫情检查站、两队一室改革、首都空中警务"等主题，全系师生党员、积极分子展开构思和创作，描绘首都公安忠诚画卷。北京市公安局政治部还为雕塑系创作画稿提供大量照片素材，使创作的形象和警种更加精准具体。

结合专业优势，打造党建品牌，雕塑系与北京市公安局政治部建立长期合作关系，此次共建活动周期长，全员参与，力求"做细做小做实"，真正做到和共建单位长期合作，找到共建契合点，打造品牌活动。雕塑系师生积极主动参与到活动中，展现出集体的凝聚力和团队精神，通过集思广益，群策群力，最终呈现出一幅展现首都民警故事的画卷。

主题创作《民警故事》色调为灰黑色，呈现出庄严、肃穆的感觉，仿佛一座丰碑。背景中有国槐、月季等代表北京特色的植物，天安门、天坛、鸟巢、华表等代表北京特色的建筑，作品展现出人民警察守卫一方平安的伟大精神。

《民警故事》主题创作

通过参观警察博物馆，同学们不仅了解学习了警察系统的完善发展和与时俱进，更被他们保一方平安的担当所折服。在集体创作的浮雕画稿中，构图的安排一气呵成，从外部的长城卫士、疫情期间的高速检查站到中心区的红墙卫士，从空中的警用执勤直升机到地面小区间穿梭的反诈宣传民警，从守护祖国花朵的"高宝来服务"到胡同中 7×24 小时的民警执勤岗亭，无论从空间还是时间来讲，这种无处不在、无微不至的守护让人感动。画稿中，习近平总书记提出的"对党忠诚、服务人民、执法公正、纪律严明"的要求位于画面中上，十分醒目。各警种不同岗位的民警们恪尽职守、尽职尽责，我们这座千万人的城市才有了夜不闭户的平安。

围绕主题创作，师生共同探讨，是一个深入学习的过程。与优秀的艺术家们合作完成一张创作，是充满挑战又新鲜的。画一幅画是"输出"，更像是在"输入",因为更多地是在学习如何进行大场景构图,如何突出鲜明的特征,如何把握艺术性和严谨性之间的平衡,这些经验都是平时学不到的。并且,在创作过程中,同学们深切地领会了习近平总书记"十六字方针",也看到了民警同志们辛劳的付出,一幅画,远不能道尽他们的伟大,他们的努力值得更高的荣誉。

雕塑系学生利用专业所学为社会服务,在这次活动中得到了历练和专业水平的提升,并深切感悟到"青年服务国家"的荣誉感。从学生与老师共同探讨活动方案,到师生高效配合多轮次调整,再到最后关头老师对作品细枝末节的严格把关,方方面面都体现了雕塑系师生共同面对挑战的严谨认真的态度。追根溯源,这种态度也正是雕塑系传承下来的不懈求索的雕塑精神。

(二)"身边的榜样"主题创作

多年来,雕塑系一直秉持"以学术带党建"的传统,塑造出大量经典的作品。2021 年,雕塑系直属党支部组织学生为身边的榜样、模范人物塑像,此次参展的 31 件作品,以生动多样的艺术形式,歌颂了心中的榜样人物。同学们从不同角度挖掘普通人的闪光点,塑造出各行各业的榜样形象,彰显"艺术为人民服务"的主题精神。

经过半年的努力,从选材、构思到制作,支部教师党员孙璐、曹晖、柳青、安然与学生展开创作研讨,经过多次指导,"身边的榜样"主题雕塑创作展呈现在大家面前,同学们结合专业特色,踏踏实实做作品,不管是遥远的榜样还是身边的榜样,都对自己起到激励作用。中央美术学院党委副书记王晓琳在展览开幕现场指出,同学们为身边的榜样塑像,体现出专业的特色,老师和同学能够从自己专业的角度出发参与到党建的活动中,大家更容易被触动。无论是伟人还是身边的人物,都是让创作者感动的,至少与他产生了共鸣,打动内心,才能将之内化。到内心之后,用艺术家的手和思想,再重新把它塑造出来,只有这样用心塑造的作品,才能感动自己,感动别人。

雕塑系直属党支部书记孙璐、教师党员曹晖、柳青、安然与学生展开创作研讨

　　学生在做作品的时候，本身就是一个受教育的过程，选择这个对象来作为身边的榜样，一定是有被认可的亮点。通过艺术家的视角发现了闪光点，然后通过作品展现出来，别人来看的时候，同样是一次心灵的洗礼，是一个受教育的过程。

　　中央美院有"艺术为人民服务"的传统，关注国家、关注现实，现在接力棒传到了青年手里。追溯中央美院的红色历史，恰恰是这样的精神底蕴才鼓励着一代一代的美院人，同学们继承下来，然后再用自己所学去超越，不断超越前人，也超越自我，力争做到卓越。通过为身边的榜样塑像，同学们的内心受到了洗礼，展览作品非常感人且有亮点，同学们葆有坚定的信念，继续秉持这种红色的基因，"追循大师之迹，体味先辈之心"，创作出更多优秀的雕塑作品。

　　创作的过程中，同学们有非常深刻的心得体会：

2020 年初，一场疫情悄然而至，严重打乱了我们的生活。学生寒假连暑假，工人停工，商铺停业。此时，我们的医护人员工作任务却格外艰巨，频频冲往一线。在救治的过程中，患者被无微不至地看护治疗。在生死线上陪伴治疗患者的医护人员身穿层层严密的防护服竭力救治患者，他们就是我们的榜样，虽然我们不知道他们姓甚名谁，但此次战疫中，他们是真的无名英雄。

——邹达闻

生活中，她是我学生的家长。工作上，她自发建立了全市首家以公益医疗为主的社会组织，并一直坚持以身作则、无私奉献，尽其所能帮助了许许多多的人，还获得 2020 年度"最美温州人·最美拥军人物"称号。她的精神感染了我，也感染了很多人。因此，我用我所擅长的方式来表达我对她的敬意。

——郑韩

"为人民而艺术"是贯穿侯一民先生整个艺术人生的使命感，是他一直坚持的基本信仰。他认为这不仅是从党的教育上学到的一种理念、一种为人民服务的责任，而且是从中华民族的血脉之间，一代代的师承上感受到的中国人民世世代代灵魂里关注人民、关注国家命运的一种责任。侯一民先生是我心目中的榜样。

——傅旭航

一场横跨了半个中国的奉献，一段超越了血缘地域的亲情，当几十年前的这个故事，在我们面前缓缓落幕，我想要表达的感情除了震撼，还有爱与温暖，特殊时代造就了这样奇妙的缘起，但将它充实、丰富为精彩故事的却是千千万万像都贵玛这样朴实、温暖、真诚、可爱的平凡而又伟大的中国人民。

——宁波

　　为时代发声，是雕塑艺术走进社会、贴合实际的体现，通过开展主题雕塑创作，青年学子更深刻地理解所处的时代，感受到时代的温度，创作的题材进一步拓展，也心系祖国，心系最广大人民群众，力争做人民的艺术家。

第二章 搭建青年雕塑人才交流平台

第一节 艺术创作水平的全面展示

艺术实践能力，需要在更宽广的平台中得到拓展，中央美院雕塑系以提高学生艺术实践技能为核心，通过构建艺术实践体系来体现雕塑教学的进展，展现雕塑教学成果，让更多学生参与到艺术实践活动中来，并从中得到启示。艺术实践提升学生雕塑学习的兴趣，进一步加深雕塑理论知识与技能的认知度，通过各类艺术实践活动让学生领略到更多、更深层次的雕塑表现内涵，使雕塑课程教学效果得到有效的延伸，进一步提高学生的学习主动性和核心技能。

一、学院精神的碰撞交融

学院精神，是一所院校学术水平、文化追求、精神旨归的体现，每年毕业季，各大艺术院校学子的毕业创作，带有鲜明的学院烙印，青年学生在学院知识背景下，展开创作实践。

"曾竹韶雕塑艺术奖学金"入围作品展览，就是这样一个实践能力拓展和展示的平台，从 2008 年至今，该展览已经举办十余年，目前展览由中央美术学院、中国雕塑学会、中国美术家协会雕塑艺术委员会和大同市人民政府共同主办，它树立了一个学术品牌，成为观察中国当代雕塑教学成果、了解雕塑艺术探索趋势的重要窗口。依托学术的平台，让全国青年雕塑学子齐聚一堂，不同地域的文化、不同学院的风格相互碰撞。

"曾竹韶雕塑艺术奖学金"设立至今，一直为青年才子搭建展示艺术才华的平台。"曾竹韶雕塑艺术奖学金"的鼓励对象是全国范围内专业美术院校和全日制综合类大学雕塑专业院系的在校应届毕业生，包括本科生和硕士研究生。主办方每年邀请约 130 件作品参加年度入围作品展览，并评选出 5 件"曾竹韶奖"作品，20 件"提名奖"作品。参加"曾竹韶雕塑艺术奖学金"评选的青年学子，思维活跃，具有天马行空的想象力，其作品常常能够发人所未发，不拘一格，给人耳目一新的感觉。参展作品中，除了传统雕塑语言的熟练使用外，还涌现出大量的声光电作品，体现了雕塑创作的表现语言与科技的发展紧密结合。此外，学生在作品中流露出对诸多社会问题的高度关注，如环保、生态、住房等，体现出青年学子高度的社会责任和使命感。

曾竹韶先生是中国现代雕塑的先驱代表和新中国雕塑教育的拓荒名师，他的创造精神与学术品格始终给后辈以无言的鼓励，体现了榜样的力量。他的雕塑作品因凝聚着浓郁的历史意识、现实关切和人文情感而永恒，他在教学上一向鼓励学生独立思考、发掘并肯定学生创造才能，受到晚辈的由衷敬重。来自全国 18 所美术院校的毕业生是中国雕塑发展的新生力量，他们理想坚定、求知若渴，在拥有深厚的造型能力的同时保持精神独立。他们从不同的角度感知生活、反映时代、体验生命，凝练个人的思考，充满恒久的创作热情，在今天纷繁芜杂的信息社会中，用自己掌握的造型语言，表达对世界的独特体悟。经过十多年的探索，该展览已经形成了鲜明的特色。

紧贴时代脉搏，彰显当代性。参展作品造型语言丰富，结合声、光、电等现代技术，以及影像、装置等手法，增强了语言表达的形式多样性。作品还关注时代问题，体现了青年学子的社会责任感。

注重作品互动，展现公共性。作品与周边的环境有效结合，与观众进行互动，体现了青年学子对于空间的把握。同时，作品关注当代人的生存状态和内心世界，易引发观赏者的共鸣。

青年学子是雕塑界的新锐力量，拥有开放的实验精神、真诚的创作状态，他们在广阔的视野中学习新知识，创作出紧贴时代脉搏的作品。从参展的作品中可以看出各院校在雕塑艺术教学中融入各种艺术流派、各种造型方式、各种雕塑材料和各种雕塑技术的主张。学生在作品中流露出对社会诸多问题的高度关注，体现出青年学子的社会使命感。

高等院校雕塑教学需要交流的平台，需要在更大的场域展示。从青年雕塑创作的现状看，每年的本科生、研究生毕业作品创作，是青年雕塑家最集中、最投入的创作活动，为求学生涯交上满意的答卷。"曾竹韶雕塑艺术奖学金"十几年的坚持，客观上已经成为一个风向标，展览的价值取向直接影响了每年毕业生的创作，为后来者提供了借鉴意义。"曾竹韶雕塑艺术奖学金"入围作品展览将展览变成一个持续性的推介活动，获奖作品为公立美术馆收藏，得到适当的奖金，在很大程度上也鼓励了学生的创作积极性，让学生的创作形成一种良性循环。

"曾竹韶雕塑艺术奖学金"入围作品展览具有标本意义，它记录了当代青年雕塑学子的深入思索，在这个意义上，每一届展览就是他们的精神档案。在艺术观念日益更新、新技术对雕塑的影响日益加剧的情况下，"曾竹韶雕塑艺术奖学金"展览，就是当年最前沿的青年雕塑创作的窗口。"曾竹韶雕塑艺术奖学金"活动日趋成熟，成为集艺术水平、教育理念、社会风尚、科技水平于一体的综合平台，激励青年学子在艺术道路上不断推陈出新，促进校际交流，推动青年雕塑创作的深化，推动雕塑教学的进步。

"曾竹韶雕塑艺术奖学金"作为全国范围内的一个校际交流平台，各个院校雕塑系在这里同台展示，是一种相互观摩和学习，有利于取长补短，推动雕塑教学，也为各院校提供了一个寻找差异，确立各自学术品格和学术定位的机会，体现学院精神的碰撞交融。一个学院挑选的毕业生作品，代表了其教学特色和价值取向，通过参加展览，各大美院学子获得了一个在比较中反观自身、确立自身的机会，这将有利于各院系之间发现各自的长处和问题，确立自己的目标。青年学生对当下的生存环境有自己的体验、感受和态度，在特别的时代，更需要他们保持心灵的自由和独立，超越和突破传统的约束，在艺术道路上精进。

"毕业作品是一代学子在艺术上的风向标，它们能较为准确地揭示出这批年轻人的所思所想；不同院校、不同地域的毕业生作品一旦集合在一起，既可以反映出高等艺术教育中许多带有普遍性的问题，也可以看到相互之间的差异和特色。曾奖的评委以来自教学第一线的教师为主，在某种程度上讲，它并不是学生作品的自动呈现，而是教师和学生的互动的结果，是不同院校教师之间在教学理念、教学方式、艺术趣味方面互动的结果，"孙振华先生在 2012 年"曾竹韶雕塑艺术奖学金"入围作品展览前言中称，"展览不光展出作品，它还创造趣味，甚至产生知识，它是一个集社会风尚、科技水平、教育理念、评价体系、学生能力、工艺水准等于一体的综合平台。一个好的展览，应该有这样的担当，它一旦排除了各种非学术的因素之后，应该能真实地再现这个时代雕塑教育的成果，展示最有活力、最有创造力的年轻学子有代表性的作品。"

以 2013 年"曾竹韶雕塑艺术奖学金"为例，共有全国 17 所美术学院和艺术院校参加，参展学生 112 人，作品 137 件，作品集中体现了 2013 年度高等美术教育雕塑艺术的最新成果，具有一定的前瞻性。青年艺术家们有敏锐的洞察力，作品面貌也呈现出更加丰富和多元的形态。这些作品不断地丰富和拓展自身的领域，在空间、形态以及语言上有所突破，具有创新意识，传递出年轻一代对当今高科技、新材料、新媒介的热衷与应用，预示着雕塑创作向更宽广的领域进军。

（一）作品风采管窥

从形式语言上看，有的作品采用具象写实的方式，表达深层次的思索。如鲁迅美院李庆阳的《生命体·静物》雕琢出一组变形的日常用品，并赋予作品以"呼吸"的节律，通过循环的运动方式来表现生命的力量。北京工业大学刘宗的《往事》借用汉代彩绘陶俑的形式，将人物整体压扁，微微前倾，营造出强烈的压迫感，以江南水乡的窄阶及悬空的河岸为基座，更衬托出人物所承担的重压及面临的危机。四川美院朱培钢的《铁皮箱》《两把稍大的夹钳》等作品，用大写意的底座，烘托极写实的雕塑主题，传递出中国文化之中庸与包容的内涵。

与之相对应的是抽象形式语言，有深远的阐释空间。中央美院杜英奇的《我的戈多》用非理性非逻辑的结构，塑造了几个没有人性、没有表情、没有故事情节的人物，静静地在那里等待着，他们之间毫无关系，但却同时向观众讲述着他们共同的荒诞的命运；四川美院陆云霞的《记忆》系列，《记忆》作品的原材料是上一件作品过程中所产生的碎屑，在上一件作品中，成品与废弃木屑在同一时间形成，表达出对于时间问题的思考；中央美院娜布其的《无题》用具象的"睫毛"表现抽象的内涵，传达出一种细腻敏感的情绪。

还有作品意象形式语言，以意象形，借物抒情。北京工业大学景然的作品《境》借用墙面和地面这一直角形的构造，墙面部分为薄浮雕，呈现不规则的云雾形态，轮廓处与墙面缓缓衔接为一体，把真实的墙面幻化成为梦境中的一道水幕。人物形象为一个闲庭信步的少女。地面部分利用规整的长方形来表现平静的水面，在上面做出人物走过所留下的一片片涟漪，由远及近荡漾开来，形成一种缥缈静谧的境界。黄齐成的《乐山乐水》系列作品，用泥塑和不锈钢两种材质，营造中国传统的山水画意境，一件是以传统的表现手法来揭示中国文化中的人文意境，一件则用现代的表现手法展现了现代信息社会的文化特征。

从作品的材质看，传统的泥塑注重雕塑的质感和肌理感，中央美院林智的《怕水》采用"包浆"的形式展现出作品的形态；木雕精准而细致，中央美院李展的《世界清净了》、中国美院巫澜的《父亲的一天》展现了精湛成熟的雕刻技法；金属作品有质感，中国美院肖彩的《延伸空间》具有力量的顿挫感。还有同学广泛运用声、光、电的设备，结合影像资料更全面地诠释作品的内涵。对材料的敏感与驾驭能力是雕塑创作的一个前提：有的作品选择了某种材料去诠释主题，有的则运用了材料被赋予的社会意义进行创作，还有些作品采用了新颖的材料，以及对材料物质性的把控去呈现作品。鲁迅美院钱威衡的《对海的向往》由 326 台二手半导体收音机和 1000 支天线组成，用收音机调频白噪声的音量控制，结合天线的运动轨迹，模拟大海的声音和视觉形象。

从内涵上看，有的作品反映社会问题，譬如对文化、环境的反思，广州美院张凯渠的《中华特贡》以龙凤为载体，在药酒、国画等中式语境中运用超写实的手法将它们真实地呈现出来，在这一过程中消解了龙凤一直以来作为图腾存在的符号性，引发观者对文明及文化处境的思考；天津美院何画的《失乐园》通过塑造戴面具的动物，表现对于环境问题的关注。有的作品反观内心，表现人们之间的疏离感，湖北美院汪甜的《洗》隐喻当下的社会现象，我们需拂去的不只是污垢，还有内心的尘埃。

（二）形神兼备"尽精微"

2013 年共有五名同学获得"曾竹韶奖"，其作品在观念和技法上更胜一筹：立足于"写实"的雕像语言，亦可贯穿"写意"的思想。中央美院李展的《世界清静了》通过一组木雕着色肖像创作，表现出厚重的体量感，看似随意组合的题材有一种别样的抒情之美和返璞归真之意：和猫一起发呆的男人、好像打着手语的女人、瞪大牛眼的毕加索、将衣领罩住脑袋一脸苦相的贾科梅蒂……李展参加 2008 年第一届"曾竹韶雕塑艺术奖学金"便获得大奖，在谈到自己的创作时，他说自己并没有刻意想要去表现什么，而是在创作的过程中非常投入，内心感到十分宁静。这一组具象木雕制作手法纯熟，雕刻非常精细，风格冷峻，人物的眼神具有穿透力，形与神结合得非常精妙。香樟木的纹路在作品中因势赋形，形的表面被无数次打磨后呈现出紧致、膨胀、充盈、无所缺损、滴水不漏的效果。这个木雕看似没有什么主题，也没有什么玄妙费解的寓意，却是一种自在状态的真实流露和艺术表达。

李展《世界清净了》

张俊《致我们悄然逝去的青春》

　　雕塑的空间性与时间性可以找到契合点。中国美院张俊的《致我们悄然逝去的青春》采用微电影的形式，赋予作品以动感和律动的气息，是一种

"运动雕塑"。作品表现的是两张写有日志的纸变成两个翩翩起舞的人，作品无论是从人物动态、环境渲染，还是配乐等，都做得很到位，几分钟的短片将人青春时期萌发的各种感情描写得淋漓尽致，将情感传达得相当细腻感人。张俊谈自己的创作历程时，提到了他曾经的舞蹈学习经历，并且以自己的故事为蓝本，以书信为材料。他的作品将空间的动感与时间的线性很好地结合起来，没有停留在形式的观感上，而是内涵深远，十分感人。

作品与观众的互动也十分重要，鲁迅美院汤杰的《本末》即是如此。观众碰动作品的摆锤，在有限的时间里摆锤一直摆动、直到静止，当摆锤静止，石头也静止了。整个装置作品，将最传统最本质的元素（石头、水、摆锤）与现代的媒介（声、光、电）结合起来，当左边的摆锤偏离中心运动时，中间的石头就开始做无序的运动，并且有些石头敲打着底下的木板发出声音，右边的投影播放着宇宙星系运转的视频。观众参与到作品的运动轨迹之中，可以引发对宇宙人生的深层次思索。

具象雕塑可以淋漓透彻地传达内心的微妙情感。中国美院巫澜的《父亲的一天》截取了作者记忆中父亲生活的一些片段，采用木雕透雕的形式，结合"一点透视"的手法，创作木雕多层透雕，传达出一种私人的记忆。她说："原本以为具象雕塑会越来越少，但今年参加奖学金，发现并不是这样，有很多作品仍然执着于中国传统和民族的观念。"她的作品雕琢细腻，场面感人，传达出对父亲的敬爱之情。

纪实性雕塑通过展现一个时间节点以给人震撼，中国美院黄岩的《片刻》描述中国第一批灰水泥的房改房，作品展现 20 世纪 80 年代的家居场景，并且用蜘蛛网罗织。他说，这样一种纤维艺术，可以把一种思念的情绪具体化，把抽象的情感具象化。作品捕捉瞬间的体验，蒙上一层温暖、怀旧的色彩，留给人思考的空间。

（三）各有千秋"致广大"

2013 年共有 20 名同学获得提名奖，作品形式丰富，对雕塑艺术进行了有益的探索和尝试。中央美院娜布其的《无题》雕琢出一个大睫毛，并配以视频，试图以具象的物体作为基础，呈现出一种抽象的视觉效果，以情绪作为最主要的表达出口。作品最后的面貌是介于抽象与写实之间，它不完全仿真，而是把每根都做得很粗。别人问她的作品展现的是真睫毛，还是假睫毛，她觉得这不重要，也没有想它的社会意义，关键是雕塑的形式在吸引她，让材料自身说话。

传统的材料，经过巧妙的处理，可以产生不同的效果。林智的《怕水》直接用泥表现一个与水相关的老场景。颜色为泥的本色，并且不经烧制，力图保持材料的原貌。通过包浆处理所产生的效果，使人们对泥产生新的理解。他这样谈自己的创作历程："根据泥这个材料的特性，包完浆之后颜色会变浅，给人老照片的感觉，所以最后做了一个老场景。每一个小物件要是单拿出来感觉很不真实，但是在大场景中就很有气氛。"

找到传统与现代的契合点，是有益的尝试。清华美院黄齐成的《乐山乐水》，由两件雕塑构成，一件泥塑铸铜，一件不锈钢组合，用不锈钢丝来展现山水画的意境。黄齐成谈道："我发现传统山水画的形式与现代的无线电波的形式异常相似，不锈钢丝的材料比较符合表现无线电波那种轻盈的感觉，同时也是易于实现的。每根不锈钢弯出来的造型与无线电波的波峰比较相似，这也是一个切合点。"

对材料的探索与实践可以带来新的创意点，天津美院何画的《失乐园》塑造了一群戴口罩的动物，轻快、柔性的雕塑语言中透露着一丝现实批判的沉重，但愿《失乐园》不会成真，寓言不会变成预言。作品从两方面对材料进行了探索和理解：一方面是软材料在雕塑创作中的发生、运用和在现代艺术语境中所产生的巨大影响；另一方面是为"拾来之物"带来新的创意点，通过再创造，赋予作品新的意义。

参评的作品都非常有特色，在此不一一枚举。作为刚刚毕业的高校学生，他们认为自己担负着尝试新事物、新方法的责任，这是现当代艺术形式多元化的体现，也是雕塑语言进一步丰富的体现。作为一个面向全国美术院校雕塑专业青年学子的奖学金，它汇聚了各大美院的精英力量。四川美院陆云霞说："它让我看到了各大美院在教学和理念上的区别，当齐聚一堂的时候，如此丰富和多元，同时也可以看作同学之间交流的平台，这对我们来说本身就开阔了眼界，也是对外在雕塑创作和内在个人作品发展的很好的梳理。"

艺术背后的沉思显得尤为重要，在这些雕塑作品的背后，可以看到青年艺术家们的社会责任感，作品给人以玄妙的感受、富有启发性，这也是文艺的责任。"曾竹韶雕塑艺术奖学金"提供了一个驰骋艺术想象力的平台，激励极具创造精神的艺术学子，由此引领中国雕塑教育的继往开来。

二、常态化学术创作平台

中央美院的学术传统浓厚深远，而学术的建立是要靠一代代人的艰苦努力，持续不断地积累形成的，是在自觉的研究和不断提出新问题的过程中形成的，自觉的主体意识、主动学习和思考，是我们要提倡的学习方式。近年来，雕塑系搭建常态化的学术创作平台，鼓励学生进行日常的、带有问题意识的创作，促进研究精神的生根与深化。

（一）年度创作成果展

"我的20××"中央美术学院雕塑系年度学生优秀创作展，就是这样一个常态化的创作平台。从2014年开始，展览即在雕塑系通道画廊或其他平台展出，旨在激励在校生日常创作，鼓励创新精神。该展览呈现每一年雕塑系学生的创作成果，是对一年艺术积累的总结和展示，鼓励学生积极投入创作中去。创作不仅是为了一个课程或一个展览而做，而且是一种自然状态。展览以"我的"作为切入点，强调创作者的主观能动性，展现每一年度学生的创作作品，定位是年度学生优秀创作作品展，包括课上和课外创作，鼓励学生独立思考和自觉创作，加强平时的训练和积累。

近年来雕塑系在校生整体的创作水平不断提升，学术气氛活跃，展现出学术的"自觉"状态，青年学生主动发掘创作灵感，在日常生活中发现、积累素材，充分展示自己的才华，课堂内外的创作都呈现活跃的状态。同学们在自觉地进行艺术创作，不断开阔视野，在艺术技巧上深入研究，展现了青年艺术家努力探索的状态。参展作品的入围方式是自荐，目的是鼓励学生独立创作的能力，把创作思维和实践作为一个日常性的训练。

"我的20××"中央美术学院雕塑系年度学生优秀创作展，数年积累下来，记录了青年雕塑学子的所思所想，也成为记录他们学习、思考、关注问题的精神档案，对于观察雕塑教学的演进、嬗变有重要的意义。为了拓宽展览的学术视野，展览还邀请造型学院其他专业教师对作品进行评审，丰富了展览的学术外延，让学术定位更加立体、高远，不断提升展览的总体水平。

展览中有刚进入雕塑系的低年级学生，在材料课程上发挥巧妙构思，创作的作品质朴感人；高年级学生则经过更加系统的学术训练，作品在完整度、成熟度上更胜一筹。雕塑系六个工作室的方向，也在展览中得到清晰的展现，有刻画细致入微的具象写实作品，也有展现当代观念的材料创作，还有结合田野调查展开的公共艺术创作，作品面貌丰富多元，展现出青年学生活跃的艺术思维。展览还设年度最佳作品奖、入围作品奖，对获奖作品给予肯定，激发学生的创作热情，每年的征集报名非常踊跃，成为雕塑系的品牌学术活动。

除了校内的展览，为鼓励创作创新精神，雕塑系还曾与北京大韵堂文化艺术基金合作，于2014年12月举办年度研究生创作成果展暨大韵堂美术馆开馆展。作为面向社会的展览，它提供了一个平台，让年轻的雕塑家可以展示自己的创作成果；它也是一个窗口，折射出学院雕塑教学理念的推进。

为研究生单独开辟一个展览，体现出中央美术学院雕塑系对研究生教育的重视以及对创作能力的培养。展览走出了校园，移师大韵堂美术馆，关注青年艺术家成长过程中的创作，尤其是日常的创作状态，非常有意义。当下青年艺术家能用宽阔的视野去看待诸多问题，能以思辨的方式去拓展自己的艺术思想，能以自信的专业手段展现自己的能力。

展览的作品面貌丰富，体现了青年艺术家吸收、接纳新鲜事物的能力以及勇于创造的激情。展览共设 5 个特别奖和 25 个优秀作品奖，基本涵括在不同导师指导下不同方向的艺术作品，基本展现了雕塑系研究生这一年来个人创作的面貌。

5 个特别奖的设计较有创意，肯定了不同的创作方向，彰显了造型语言的丰富性。王朝勇的作品《速·写》获得了最佳作品奖，作品用速写的方式，将木雕作品呈现出一种特殊的写意趣味，既具有扎实的造型基础，又对立体和平面的关系进行了探索，透过平面来展示立体，让观众眼前一亮。获得最佳创意奖的是杜英奇的《指马为鹿》，作品出其不意，似像非像，超越了对于简单的"形"的探索，让人感受到作品中蕴含的力量。获得最佳制作奖的是杨光的《国槐》，对材料进行新的制作，将树皮剥下，以胶黏起来平铺在地上，以一种新的形式重构，树皮表面的沧桑感也让人感受到一种张力。李苑琛的《单吊》获得最佳材料运用奖，彩色的纸黏土盘根错节，独占一个空间，带来强烈的视觉体验。黄山的《士》获得最佳技艺传承奖，陶制的古代士人形象，蕴含了深厚的文人情怀，也是对传统文化、技艺的传承。此外，其他的获奖作品也各具特色，从中可以看出青年们努力寻找雕塑语言和材料、观念表现的新空间，展现出一个重要特质：实验和探索精神。

鼓励创作，是当下活跃的雕塑生态的体现。在校生是一个充满鲜活青春气息的群体，他们渴望完成对自身艺术心智的集体体验。研究生同学来自全国各地的院校，他们将各自不同的学术背景与生存经验注入作品，以最具创新、最为独特、最具时代特征的阐述方式呈现出来。其中洋溢着略带体温的思想气息，不光是艺术家对物的思辨和参悟，更是面对自我内心的结果。

这些参展的作品形式丰富，既有对传统雕塑语言的坚持，也不乏对雕塑材料和形式的创新。青年人思路开阔，常有令人称奇的艺术架构，通过具象、意象、抽象的表现手法，吸收西方写实传统，继承中国写意精神，以独特的视角感悟现实、解读文化，汲取其中有益的成分，滋养自己的艺术。

（二）日常创作成果展

与年度展相对应，雕塑系还有更加常态化的展览平台，位于教学楼内的"通道画廊"，几乎每周都有展览，展示学生在课堂上的作业和成果，不同的课程之间、不同的创作方向之间相互对话，这对于艺术的交流与推进，具有很大的裨益。

在"通道画廊"展示的作品中，最常设的是材料课程汇报展。中央美院雕塑系的材料课程，面向大学二年级、三年级的学生开设，使学生通过对金、木、石、陶、蜡、3D等材料的运用，进行雕塑创作，为今后的专业工作室方向学习打下基础。

直接金属雕塑课程，让同学们对直接金属雕塑的历史和现状进行全面了解，并通过亲手操作实践，初步了解金属加工设备和工具的使用方法，体会金属材料的特性和审美方式，建立对材料正确的观察和表达方法，培养充分利用材料特性并自觉选择成型工艺的习惯。孙璐老师长期从事金属雕塑课程教学，其教学内容包括三个层面：理论层面，介绍现代金属雕塑美术史的递进过程、现状及相关艺术理论；技术层面，学习相关的切割、锻造、焊接和打磨等钢铁加工工艺；创作层面，在实践过程中学习钢铁材料的发现、表达与延展。

木雕课程，通过对木刻手法的研习，让学生掌握木雕艺术的特点，逐渐掌握这种材料塑造技法，对材料的深入了解是创作的前提。肖立老师长期从事木雕教学，对学生给予悉心指导。木材有不同的肌理，展现出独特的艺术美感，木雕创作中对于形象和空间的处理手法，主要体现在削减意义上的雕与刻，由外向内逐渐地将形体精雕细琢，在一次次的减法造型中，最终呈现出完整的艺术面貌。

石雕课程，通过对石雕技艺的研习，掌握相关材料技法的运用。赵磊老师长期从事石雕教学，他认为虽然电动和气动工具作为当代石刻行业高效率的存在，石雕工作室的硬件设施十分完善，但是对于初学者来说未必是效率最高的工具。锤子和錾子仍然是这一古老行当最基本和恒久的工具，活学活用各种工具是课程中重要的实践部分。在弥漫的灰尘里探索、电机的轰鸣中思考、手工的刻刀下学习、抛光的砂纸中琢磨。在快节奏的时代背景下，花时间慢慢打磨，抛弃捷径思维，步步向前，终有所得。

金属铸造课程，通过创作实践，让同学们学习和了解雕塑铸造的工艺原理与操作技法，培养学生对新的造型材料、工艺的接受与驾驭能力，发挥材料的艺术表现力，并从中发现多种艺术创作的可能性与表现形式，为学生日后的学习与创作增添了新的可能性。徐晓楠老师对学生悉心指导，展览呈现的是雕塑系大学三年级同学金属铸造课程作品，同学们以蜡作为主要塑形材料，蜡型的形态就是最后浇注完青铜的形态，蜡型的厚度即为浇注后青铜的厚度，由于此种材料在制作时多以片状呈现，使得学生对造型的认识多了一个途径与手段，也让学生更为直观地了解了"负空间"的概念。除课堂教学外，还组织学生到铸铜厂参观型壳制作、脱蜡焙烧、青铜浇注、修整打磨、化学着色等工艺流程，进一步加深学生对金属铸造技法的认识。

陶艺创作，有着很强的试验性，好的作品出自对材料精神特质的挖掘运用，出自对泥、釉、火长期实践所积累的把控力。安然老师指导的陶艺作品展，展示的是大学三年级全体同学的创作实践成果。经过三周的陶瓷材料课，从未接触过陶瓷材料的同学们，从作品题材、构思、方案小稿，泥料的选取，到成型技巧的亲手实践，每位同学都表现出很高的积极性，同学们广开思路，几易其稿，在材料的运用和制作上放开手脚大胆试验，主动探索。从作品整体情况看来，同学们较好掌握了陶艺创作的基本方法，不少作品有着个性的表达语言，达到一定的水准。

青年学子需要这样一个展示的平台，虽然创作成果不尽成熟，但这是他们进一步提升的契机，作品不仅是对视觉呈现效果的追求，也是对艺术本体、人、社会以及时代的认知和解读，对现实生活空间的渗入。以艺术的方式介入社会、时代、生活，这也是艺术教育要给学生的一种基本能力。艺术需要走出校园，走向公共空间，进入更宽广的视野，得到更多的关注。

第二节 综合素质的提升

在雕塑美育实践中，促进人才培养，不仅包括专业能力的提高，还有综合素质的不断提升。艺术教育培养一个"完整"的人，从认知能力、价值观、审美能力、沟通表达能力、组织协调能力、意志品格等方面综合磨砺。

一、提高沟通表达能力

作为一个艺术家，不仅需要沉浸在艺术世界中潜心创作，也需要将自己的作品介绍给更多的人去品读、理解、欣赏，作品在自己内心的内涵与读者看到的意蕴往往有所不同，这也恰恰是一种有趣、有益的对话，激励作者在更宽、更广的维度上深耕。

2018 年，"十年一见·曾竹韶雕塑获奖作品全国巡展"在全国 10 个城市的美术院校和机构举办。自 2008 年首次举办以来，"曾竹韶雕塑艺术奖学金"的评审和作品展览在社会的支持下，以其完善、严密的组织方式和公平、公正、公开评审机制，已经成为雕塑界普遍公认的全国青年雕塑展览的第一品牌。十多年来，"曾竹韶雕塑艺术奖学金"的评审和作品展览已经成为观察当下青年雕塑创作状态以及各个院校雕塑教学成果的最佳窗口和风向标。

"曾竹韶青年论坛"是每次巡展配套的系列学术交流活动，邀请"曾竹韶雕塑艺术奖学金"获得者作为演讲嘉宾，与老师和同学互动交流。此论坛由著名理论家孙振华先生策划。它是一个思想的引擎，启动我们的艺术思想，掀起思想的旋风，这也是论坛的意义所在。

在准备论坛时，学生汇报自己的创作所得，并与知名理论家、雕塑家一起讨论，一反以往论坛以嘉宾为主讲、学生提问的形式，发言权交给青年学生，使交流更加直接和具有参照意义，这种形式也是推动青年学生的理论和实践相结合的重要手段和互动交流的机会，产生良好的社会效果。其用意在于让获奖的青年雕塑家和青年学生分享他们的学习、创作以及在创作过程中所面临的问题，以及在获奖以后自己的一些改变或收获。

论坛每年在获"曾竹韶雕塑艺术奖学金"及提名奖的人员中选择50个人，把他们分成10组，在每一个展览地点来进行演讲。论坛的地点有广州、武汉、西安、重庆、杭州、景德镇、上海、沈阳、天津、北京，跨越中国十个城市，是雕塑艺术的一次远行。特意安排本校的获奖者回到自己的母校，和师生共同分享他们的创作、他们的经验。在这个论坛过程中，每个人发言之后会请四位批评家、雕塑家来进行评议，他们都是国内在雕塑策展、批评方面非常活跃的专家，评议结束后进入对话、交流和提问环节，过程中有任何问题、任何想法都可以提出来讨论。这是一个新的尝试，因为是一个青年的展览，就希望让青年发出声音。论坛中提出的很多学术问题，即使没有一个标准的答案，也可以给每一个正在学习雕塑的人提供一个思考的路径。

"十年一见"实际上有三层意思，一是十年获奖作品集中起来做一个展览，十年才见到一次；二是"十年磨一剑"，把青年雕塑家打造成一把锋利的宝剑，十分不易；三是十年一建，十年间建设了一支青年队伍，同时还建设了理论队伍，以期推动青年雕塑理论的建设。

由于论坛参与者横跨十年的周期，有的作者已经成为知名艺术家，有的在高校担任教师，有的坚持独立的艺术创作，有的是刚毕业的青年学生，在论坛中，青年雕塑艺术家彰显出不同的面貌，他们的演讲也形成一种沟通和对话。每到一座城市，台下的观众提问也与台上的讲演形成一种互动，论坛真正融入当地的文化氛围之中，形成了一种学术研讨、深入思索、激发创作的风气。

论坛提供了这样一个沟通表达的契机，让艺术家有一个平台去展示自己、表达内心所想，介绍多年创作的心路历程，从多个角度发问，就某些问题深入探讨：毕业后的雕塑创作经历、对当下雕塑现象某个点的思索、对未来雕塑的展望和期待，等等。这些问题也是雕塑理论界亟须了解的问题，论坛为之提供了鲜活的一手资料。

为了记录和保存当下具有代表性的青年艺术家的精神档案，论坛结束后还制作了文献集，将每次论坛的内容都记录下来。论坛过程中，随着思想碰撞的火花、灵感思路的涌现，学术问题都在不断地生发。

青年艺术家在展览中获奖后，孜孜于艺术创作，并不断回顾总结。在巡展沈阳站的论坛中，汤杰称："中国的传统文化是一种积淀性的文化，这种文化可形成一种稳定的精神和力量。所以，我一直对中国的传统文化有着浓厚的兴趣。对中国哲学的学习，使我对中国古代哲学有了较为系统的了解。简而精的表达方式更是让我对艺术有了新的认识，让我对中国传统文化的探索欲望更为强烈，使我更为宏观、多角度地去看待事物的存在。这样让我对自然、生活、自我有了新的思考，这种思考是交融的，有些模糊、表述不清，但对我而言这一种真实的感知，所以我在进行创作时是一种物我交融的状态，在创作中追求混沌、纯粹、明确、直接的表达方式。艺术让我用心去感受生命，让我找到一份净土，一份能够让自己真实，让生活真实的净土。而我，愿意去寻找每一份真实。作家安德烈·纪德说过：'艺术是上帝与艺术家之间的合作，在这个合作中，艺术家做得愈少愈好。'或许第一个看破现象的人分享出一份本质，就是一件伟大的艺术品。"他进一步表达自己的感悟："人，可有为、可无为，可做有用之用，可做无用之用。人需要知道人在客观世界对待自身存在的一种态度。出世做人，入世做事。先修其身，再利于人。在学习艺术中，品味生活、体悟生命、感知自然是艺术家修身正己的一种态度。而通过自身所学、所品、所悟、所感去创作，在作品中传达，便是艺术家的一种态度。"

有的演讲者已经是青年教师，不断思考总结艺术教育的问题，在巡展天津站的论坛中，王海称："我的演讲题目是'工作室中的思考——浅谈雕塑艺术创作'。每次创作之后在工作室里休息的时候，我都会考虑一些相关的问题，那么想来想去我觉得有一个问题是特别重要的，尤其是在我们学生学习雕塑这个阶段，是什么呢？就是雕塑创作的目的是什么。作为学院派的基础训练，基本上是在延续古希腊的雕塑，所以我们的训练很重视造型能力的培养，很重视解剖学的深入了解，很重视动态的合理性，等等。但是我们必须明白，学习这些客观知识的目的是什么。我们不是在镜子面前炫耀自己作品的准确，也不是在解剖面前证实它的正确性，这些都不是我们想要的，因它偏离了艺术的真谛。""那么我们学习雕塑创作雕塑的目的是什么？我认为是三点，也许大家都耳熟能详，我讲一下我自己的体会，就是'真善美'。"他对雕塑艺术中的"真善美"展开了详尽的解读，发人深省。

论坛现场的互动交流也非常精彩。在巡展西安站论坛，有现场听众提问：在创作的时候，有了自己的想法和灵感来源的时候，想法与实施方面是有一定距离的，实施呈现过程中遇到的壁垒、遇到的问题，是如何解决的呢？钱亮回应："做作品就是一个不断试错的过程。在选择材料时，我会尽量多方位地考虑材料与内容、形式、观念之间的契合关系，因为用材料能做什么不重要，重要的是只能做什么。重要的是先上手做，但做与想要同步，做是一个不断完善的过程，想是不断提升做的可能。最后，你要做的是把握好合适的时间节点停下来。"论坛现场气氛活跃，时不时有精彩的提问与互动，彰显了论坛的学术理念。

有的青年艺术家将艺术视为人生的重要追求。在巡展湖北站的论坛上，蔡雅玲称："原来的我只能看到材质带来的微妙的情绪或自身的感受，随着时间变化，眼界逐渐被打开，对于这个世界不同的看法夹杂着我感受到的种种情感，不停地冲击我要用恰当的材料或者文字把它表现出来，这也是我这次讲述的主题：通过对自我逐渐地剥离，用艺术能够坦诚相对。这便是我的不同之处，也是这些年一直走来的动力。对于艺术家这个身份的责任使得我不停地思考这个世界、思考我们的处境，用作品把这些思索表达出来，也把这些问题抛给观众。在座的朋友们，不论将来你们靠什么生活，艺术创作都是伴随我们一生的方式，面对自我的方式，对这个世界独特发声的方式，我很期待未来的艺术。"

青年艺术家对艺术、内心有深刻的体察和思索，在巡展杭州站的论坛上，袁佳称："我一直觉得艺术家和艺术作品相比，艺术家更加重要，艺术作品如果不能诠释艺术家的内心的话，那么这件艺术作品对我来说就没有价值。我在没有充足的能力将我学到的观念、理论、视觉营造进行自我转化的时候，我选择了不去触碰它，而去保护我自己的内心。所以我就选择一种关注自己内心的方式去进行毕业创作。我不希望艺术是复杂的、累的和沉痛的，我觉得艺术应该是轻松的，它应该是自由的所以是富有想象力；应该是有自身的生命力的而天然根植于艺术家自身，因而是可以自由生长的；艺术应该是温暖的，因为它是智慧的且具有人性。"

青年论坛的举办，不仅体现了优秀青年雕塑艺术家对艺术的思索，也极大锻炼了青年艺术家的沟通表达能力。在互动交流中，思想碰撞出新的火花，迸发出新的灵感，为今后的学术创作和研讨起到了铺垫作用。在全国巡展的论坛上，展览途经 10 个城市，横跨中国南北，掀起了一股青春激扬的学术浪潮。

除了"曾竹韶青年论坛"，中央美院雕塑系搭建了很多青年雕塑人才交流的平台，"钢铁之夏"国际青年金属雕塑创作营是其中的典型代表。在吕品昌教授、张伟教授、孙璐教授的倡议下，中央美术学院雕塑系与地方政府、企业合作，由孙璐教授领衔现场指导，创作营邀请国内外著名艺术院校雕塑系的学生，在工厂利用废弃材料开展主题金属雕塑创作。早在 2007 年，"钢铁之夏"金属雕塑创作营活动在内蒙古磴口就有初步尝试。2012 年在山西大同举办，2013 年再移师太原。尤其是在太原的创作实践，从 2013 年到 2018 年连续举办六届，已创作五百余件雕塑作品，将活动推向一个个的高峰，无论是参加人员的数量、范围，还是作品的规模、学术含量，都大大提升。

"钢铁之夏"金属雕塑创作营是学生综合能力的集中展现，包括沟通水平的提高、组织协调能力的培养、耐挫能力的培养、雕塑技艺的提升、创新精神的培养。这种能力体现在师生之间、同学之间、同学与工人之间。创作营除了针对学生们的具体创作方法、经验、技术的锻炼，更着重培养学生吃苦耐劳、不气馁、不认输的精神。这种精神在"钢铁之夏"已经得到了很好的呈现，同学们完成的作品都极具震撼力。

在创作营中，中外青年艺术家进行交流，互相切磋技艺。在白天挥汗如雨、紧张的创作之余，还举办讲座，邀请国内外青年艺术家分享自己的创作历程。交流助益成长，张悦感慨道："第一次那么真实地感受到工业的气息，第一次这样一点点地摸索、体会金属的语言。虽然在创作过程中有许多困难，但是很感激身边始终都有太多善良热心的人为我出谋划策，为我克服阻碍，所以每一滴汗水都充满了意义。感谢困难让我成长，感谢所有老师、师傅、小伙伴助我成长。"

从学校到社会，场域的变大，也促使思维方式的转变。刘震称："这是我第一次参加金属夏令营，充满新鲜感的同时又充满了挑战。从开营到现在，我最大的感受是思路上的转变，从一开始带有'学校式'的思维到后来要感受现场、发现材料的思路，使我对材料有了不同于课堂的理解。因此我从一块带有发散状线条的铁板出发，衍生出对时间刻度的联想，进而思考了地域、历史、时间的问题，以一种构成的方式来完成自己的创作。"

与工人师傅的沟通协作是作品完成的基础。林熙感慨道："在创作过程中，收集材料、与工人沟通是让我收获最多的地方：一个大型雕塑不是仅靠一己之力就能轻易完成的，需要与合作伙伴有良好的沟通和配合才能让作品完成的顺利，让工人师傅们理解我的想法，才能更好地实现作品对设计稿的还原。"

有的同学沿着自己的创作思路，并结合创作营的特点进行深入探究。王振宇的创作方案是对本科毕业创作题材的延续："作品尺寸和材料是在学校时无法触及的。由于我作品的造型是由粗细不一的钢筋与线条类的金属材料焊接而成，所以其成型速度不如其他现成材料焊接那样立竿见影，也刷新了我以往创作的经验，学到了很多知识。在大型雕塑的创作过程中，我自己的力量很微弱。与工人协作，如何将自己的意图表达清楚，发挥最大的效率是我在努力探索的。"

创作营现场学生与工人师傅协作

废旧的工业零件述说着过去的故事，对他们进行重组，可以使其继续发挥余热。刘尊豪称："作品是用废旧零件组装一台老式留声机，创作目的也是希望让那些曾经具有功能属性的零件继续发挥余热，即使领域更换到艺术层面，仍然有力，具有生命，为工业留声。因此作品需要各个零件的配合运转，中途遇到很多问题。例如我用废旧零件运转留声机唱片的主要轴承的固定及受力问题，以及横轴延长后的准确度，在助手的帮助下解决得很完美。"

外国艺术家的加入给创作营带来多元的视角，他们也有很多收获。来自西班牙的 Alicia 以"墙"的概念为灵感，在她的雕塑中，墙代表的是难以进入的空间，但同时这个空间通过不同的楼梯与其他的空间相结合，有其内部的上升陈设，看起来似乎可以进入，因此产生了一种乌托邦式的幻觉，让人感觉能够通过爬上楼梯，转换视角。

来自希腊的 Nikoletta 以 "桥" 为原型，创作出一个富有隐喻的作品。她的创作理念在于，将桥一边的东西渡到另一边，也可以将桥两边的东西共同渡到桥梁最顶处。在希腊与中国文化交流与文化产业合作年之际，旨在通过桥形作品将希腊、中国两个国家联系起来，分享历史文化方面的诸多元素。

主办方还安排考察三晋文化，为雕塑创作汲取灵感，举办师生及各国学生座谈会等学术活动。在这个浸透着汗水的 "钢铁之夏"，青年艺术家们充分发挥想象力，发现材料背后的 "故事"，创造新的钢铁传奇。主创人员刘震称，除了创作上的收获以外，最大的收获莫过于每天能和其他院校的同学们交流、打球、游泳，大家在一起有说有笑，这不仅启发了学生的创作思路，而且增进了大家的友谊，这样的氛围使学生在创作营的每一天都充实无比。

在展览闭幕环节，各大美院的专家学者到达园区的展览现场，参观同学们的大型金属雕塑作品。每位创作者都要在自己的作品前，介绍作品的创作构思、作品内涵和创作方法，在专家学者面前侃侃而谈，是对自己学术思维和表达能力的综合训练。

太原工业文化创意产业园风貌

在创作结束之后，还邀请全国雕塑专家、理论家开展学术研讨会，对每一件作品进行评析，并就作品引发的相关问题进行深入思索。全国专家学者、中外青年学子齐聚一堂，专家对金属雕塑进行点评，启发同学们的思考，围绕金属雕塑创作进行学术研讨。在长达四个小时的研讨会中，同学们与专家学者进行对话，这个过程是对创作思路和学术能力的锤炼。

创作营的同学们也一一介绍了自己的创作历程和心得体会：有些同学第一次来创作营，面对材料大胆进行构思创作，虽然遇到一些困难但都一步步克服；有的同学来了多次还不断挑战自己，尝试新的创作风格。他们在创作营中收获的不仅是技艺的提升，还有与人沟通的本领以及深厚的友谊。与会嘉宾也从"作品的构思""作品的喷漆着色"等方面逐一点评作品，并提出很多切实的建议，对同学们的创作有深刻的启发。

二、提升组织协调能力

艺术创作，不是孤独的劳作，雕塑艺术尤其如此。无论是古代匠人制作的大型雕塑和建筑作品，还是现代艺术家的创作，都离不开与他人的协作。雕塑艺术的前辈，在制作人民英雄纪念碑主题雕塑时，成立一个创作团队，深入探讨研究雕塑创作的问题，通力合作，完成大型雕塑。作为青年雕塑学生，也需要增强这种能力，让艺术家的创意能够与现实结合起来。

在"钢铁之夏"金属雕塑创作营中，为了使作品更高效地完成，主办方为每个同学都配备一名力工、一名焊工。和工人师傅的沟通交流，也让同学们受益良多。在这个过程中，师傅既是"助手"，又是"老师"，同学们学会了在沟通协调中实现自己的创作意念。

在进行金属雕塑创作时，学生与师傅的协作，甚至对起重机的调度，这些都需要充分的组织协调能力。与材料的对话是找到创作语言的基础，与工人师傅的交流配合是现场创作的第二语言。为了让同学更好地驾驭金属材料，创作营还特意聘请了一批手艺娴熟的工人师傅，如何把师傅们的手艺更好地服务于创作，也是对同学们的考量。在经历了第一次见到材料的激动之后、第二次参加创作营的边霄萌已经学会了让师傅们成为自己驾驭金属的"延伸的手"。

孙璐教授多年来一直指导创作营，具有丰富的经验。他认为学术、创新、务实、协作是创作营的关键词："短短的一个月对学生来说，是学术思考也是社会实践。每一位参与创作营的在校生既要努力学术创新，又要学会精诚协作。要创作出有一定学术价值的、完成度高的公共艺术作品，自己的兴趣和学术理念仅是出发点和创作行为的框架，真正想要做出一件'钢铁之夏'级别的作品，必须经常问自己一句话：你真的来'钢铁之夏'了吗？"

初次面对大型工业部件，学生感到十分震撼，需要一个适应的过程。他们逐渐将所学的造型理论，用大体量的雕塑形式充分地体现出来，完成一项看似不可能完成的任务。这些零件千奇百怪，经过自然的风化剥蚀，又经过艺术家的锻造，将机械结构随机组合，形成一种富有诗意的新秩序。面对大型的雕塑材料，学生的创作思维和协作水平得到了锻炼。王振宇称："在大型雕塑的创作过程中，我自己的力量很微弱，与工人协作，如何将自己的意图表达清透楚，控制整体造型，发挥最大的效率是我在努力探索的。我这次创作的尺寸和材料是在学校时无法触及的，也刷新了我以往创作的经验，学习到了很多知识。"

指导老师对学生进行学术和技术上的引导，对同学们的方案从雕塑本体语言、可行性、安全性等方面综合考量，在肯定学生的创造性的基础上，提出指导意见。很多方案通过几轮筛选，数次论证，才得以通过。在与老师的交流过程中，同学们的思维得到了锻炼，意志得到了磨砺。

"从刚开始的问心，问材料，到与老师对话，在用心跟材料对话，渐渐地草图模型出现。与师傅对话是很神奇的过程，渐渐地理解，渐渐地包容，渐渐地成功。在这里的我们是幸运的，虽然每天会很累，但真的很快乐，喜欢流汗的感觉，创作的过程中得到了师傅们大力的帮助，作品的呈现就像一场神奇的旅行，会遇见困难，会有想不到的艺术呈现出来。"罗丹谈到创作营的经历，认为创作是勇敢的尝试、神奇的对话。

三、磨砺意志品格

通过雕塑美育实践，磨砺意志品格，塑造完善人格。"人格体现在一个人的言行举止以及精神面貌上，在美学教育中，无时无刻不彰显这两个方面的内容。大学美学教育工作中，通过接收一些美的善良的事物，可以使大学生在日常行为举止中获得一些思考，规范他们的行为。另一方面，美学教育可进一步提高大学生的心理素质以及他们接受新鲜事物的能力。这两个重要意义都在一定程度上影响着大学生人格的形成。总的来说，美学教育就是一种完善人格、使大学生实现全面发展的重要手段。" ❶

雕塑系学生在炽热的"钢铁之夏"中，将学校所学的造型知识运用到实践中。来自国内外知名美院的青年学子在太原工业文化创意产业园区内，锻造钢铁雕塑作品，并且开展涂鸦活动，从构思、起稿到制作，每位同学都参与其中，体现出青年艺术家的团队意识和使命担当。创作者调动每一根神经去倾听材料的声音，思维被逐渐激活。

报名活动的学生非常踊跃，同学们都特别希望得到这个锻炼的机会。来到创作营的青年学生，都经过各大美院的精挑细选。张金宏称："初次了解钢铁创作营是在材料课，当时感到很神秘，并非常渴望自己能够参加。自己也从学长那里听到了许多故事，从而激起了我的渴望。第一次报名没有如愿，虽然有点灰心，但依然坚持报了第二次，这次得到了认可，心里很激动，并迫不及待地准备方案。虽然很累，很晒，但内心跟开心，很快乐。"

创作是不易的，有时还会遇到大雨、停工加堵路。一百多人同时操作，将各不相同的重型金属零件，以随时变换的方案进行组合，在酷暑下还要接受电气焊的烟熏火烤，更有喷砂的时候满嘴是砂砾，喷漆的时候憋得透不过

---

❶ 罗维婷：《高校美育工作提升路径研究》，《大学》2021 年第 21 期。

气来，脑中却要一边考虑经营布局，一边周全着焊工、力工。而正是这种集中的体力与脑力的交叉火力，才能把这场硬仗打下来。

一件优秀作品的诞生，需要经历一个复杂的孕育、创造、实施过程，这其中不断有否定、再否定，也不断有新的生发和枝蔓，需要克服很多困难，得以最终呈现。这个过程是对意志品格的磨砺，也需要学生在新的环境、语境中提升自我适应能力。

路畅谈到自己的创作热情："知道'钢铁之夏'是在进雕塑系前，觉得很酷，进系上过金属课后，对创作这种大型金属雕塑充满向往。在开始与材料对话的过程中，材料无疑是刚韧顽固的，既然它不听话且难以驾驭，我便在有限的范围内将对它的改变做到极致，这不是征服，而是沟通，充满力量感的肌理所营造的场域，无疑是对自己创作热情的最好抒发。"

实践的过程是一个不断调整、不断生发的过程，新的思路，新的困难，都会在这一过程中出现。在学校上材料课时，学生通常并没有太紧的时间限制，现在要在一个月的时间内完成一件大体量的完整作品，工作量更大，时间太短，这对他们的能力来说是一个很大的挑战。

一个月时间完成四米高的作品，从图纸到最后成品，中间要克服许多困难，体量增大带来的力学、承重等问题都需要克服。作品的铸就不是一日之功，一个独立人格的锤炼也是如此。学生在创作中难免遇到困难，这是从"痛苦"到"痛快"的过程。方案的设计是比较理想化的，实际操作时有很多不可控因素。作品从最初的草图到后期成型，通过不断的否定、再否定，体现了"合理"与"不合理"的结合。对材料的深入了解是创作的前提，一方面被材料吸引，另一方面要有驾驭材料的姿态。

学生们在这里锻造钢铁作品，也是在历练更强大的内心，磨炼钢铁般的意志，他们是"钢铁之夏"的亲历者。找到钢铁雕塑的语言，的确是一个磨砺心性的过程。赖新敏称："在创作稿创立之初，面对在巨大的钢铁材料堆里选取材料作自己的素材的时候，一开始会变得无所适从，后来不断地在材料堆里摸索寻找，不断地画稿子渐渐就有了感觉。老师根据你的特色挖掘你

金属雕塑焊接与创作现场

的潜能，还引导我们如何建立更好的立体思维，晚上也会给我们进行针对性的讲座，让我们打开更大的格局，建立一个有序的思维去更好地运用钢铁材料，来表现钢铁雕塑的语言，渐渐地我也找到了自己想表达的语言。"

创作的过程是不断"试错"的过程。丁兆博在此次金属创作营活动中，体会到了解读材料、选择材料的重要性："本以为过稿的阶段是最难熬的，等方案定下了后面的事就顺理成章了，但当真正开工后，我才深刻体会到创作这种大型金属雕塑的不易。找材料、画图纸几乎是每天要做的，要不断尝试新的材料，找到最合适的，还要克服很多客观因素，总之就是在不断地寻找、斗争、妥协和试错中逐渐完善自己的作品。"

通过不断的否定、再否定，寻求更多的可能性，使方案不断推进。侯剑威称："在大工厂的这些废料中，丰富的材质表情打动了我，所以很想做一件有社会语言的作品。把材质精神赋予到作品造型当中，需要自己去寻求一个恰当的结合点。所以我跟自己做了很多思想斗争，找到充分的理由，否定自己之前认为可以的方案，寻求更多的可能性，以此来推进我的方案。我的创作方案就是这样在自我否定中完成的。"

四米高的体量，给作品的整体控制带来了难度，黄威称："直接面对厂区堆积如山的废旧机器和零件进行创作是一个很好的训练，而且体量也是我们在学院没有做过的。在创作过程中，作品体量大了以后，对于整体的把握和控制还是有一定难度的。主办方给每个学生配备了两个助手，这让我们能更好地完成自己的作品。"

国外青年艺术学生在创作营中也有很大收获，Fabien来自巴黎高等美术学院，他认为："创作营给了我们创作大型金属雕塑的机会，这里有着所有青年雕塑家梦寐以求的条件。尺寸和材料的限制是一次很好的挑战，这要求我们打破自己以往的思路和方式，有所改变。这里有专业的工作环境，工人师傅和工具都帮助我们在一个月的时限内完成作品，这也为我们以后进行大型金属雕塑创作积累了经验。"

同学们展现出一种坚韧不拔的精神，费勇称："创作上也碰到了一定的困难，在制作雕塑旋转部分的时候，由于大意，忽略了轴承部分的喷砂保护，所以有些砂子对轴承造成一定的损害，雕塑旋转部分角度卡顿，后来用油不断地清洗，多次调试，成功地处理了问题。"

四、培养创新精神

创新，要在前人的基础上有新的理解和突破。艺术领域的创新精神培养也非常重要，它让艺术不再千人一面，而是融入个体的新体悟、新经验，形成一种新的表达和呈现方式。这样的艺术，才能在某一个点打动人的内心，引发更多人的共鸣，让人耳目一新。

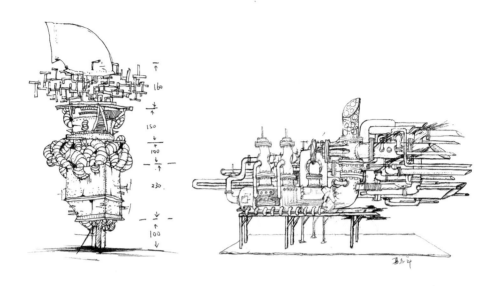

学生绘制金属雕塑草图一

培养创新精神，对于青年人才的发展大有裨益。"大学生创新能力的培养不仅需要其具备丰富的想象力和独创能力，还需要学生具备较强的科研能力和创业能力，而审美教育则是培养学生想象力的最佳途径。学生在接受美育的过程中，身心都处于良好的审美状态下，不会受到任何外界压力和负面影响，想象力便会十分活跃。因此，教师要有意识地将美育融入到艺术教育专业教学中，鼓励学生大胆质疑、大胆想象，敢于探索新鲜事物，表达新观点，进而将专业知识和美育相互融合，不断孕育出创新之果。"❶

以"钢铁之夏"金属雕塑创作营为例，在一个月的集中创作中，面对成堆的金属废料，学生需要在其中发现工业机械美感，找到城市历史与工业发展有关的符号元素。这些大机器零件，对每个创作者产生一定的压迫感，但正是这种大体量的新材料，触发学生的创造力和想象力，不断突破创作的边界。

---

❶ 任宁：《高校美育教育在人才培养中的融合与提升》，《艺术教育》2020 年第 12 期。

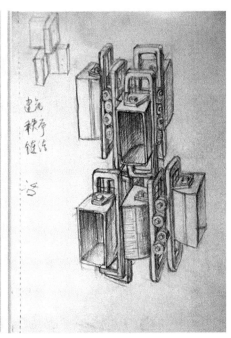

学生绘制金属雕塑草图二

园区内有大量废旧的钢材设备，为同学们的创作提供了丰富的灵感，他们精心绘制草图，有的还制作实体模型，展现各部分之间的逻辑关系。找到材料的语言，让材料发声，顺着材料本身的肌理进行创作，可以赋予它们新的内涵。透过这些材料，找到金属这种材料的不可替代性，体会到工业造型的美感与张力。

与学校教学不同，在相对独立的创作营中，利用废旧钢铁材料及型材，对金属材料语言进行深入的探索，学生既可以根据自己的特长进行创作，延续一贯的风格，也可以抛开课堂习作的束缚，放飞想象力。同学们不仅有实践精神，还有研究能力，能够把握住形体、空间、材料等雕塑的基本要素。

为了让大家更加明晰直接金属雕塑的发展历程和创作要求，孙璐老师精心准备了讲座，梳理了直接金属雕塑的形式，阐述了近年来创作营作品的特色，并讲解了自己在高雄国际雕塑节上的创作经历，让同学们了解基本的金属雕塑语言，同时也明晰在创作营中如何形成有效的表达方式，在有限的时间内充分发挥材料的特性，创作出富有力道与美感的作品。

创作一件完整的金属雕塑的作品，需要经历草图、点焊、满焊、喷砂、着色等工序。在此之前，主办方组织同学们参观山西博物院、晋祠，其中的一些器物造型、文化渊源对同学们的创作深有启发。回到厂区，面对成堆的废旧钢材，同学们结合自己的创作特点和参观心得，从现场的材料出发，寻找金属雕塑的语言。

在工厂里创作大型金属雕塑，首先是对选择能力的培养。现场创作和教室里的训练完全不同，如何去选择现成的物品为创作所用，是学生们面临的首要问题。其次是构思能力的提升。有些同学是带着构思而来，也有同学是看到材料之后再进行创作，这极大地考验了学生对材料的灵活运用和应变能力。

同学们的作品各有特色，从中可见青年学生鲜活的艺术思维，看起来平淡无奇的材料却能幻化出精妙的构思，将废旧材料以雕塑的形态重组，让它们互相对话，注重表现雕塑作品的疏密关系、体积感，形成独特的场域；不断寻找材料的新的可能性与表现手段，并且思考金属材料与雕塑本体语言的关系。创作的过程中，艺术家对材料特性的深入了解，作品与环境的对话关系，都是提升艺术作品视觉感受和人文表达的重要因素。青年学生在创作加工的过程中，既是辛勤劳作的工人，也是有艺术感悟力的艺术家。

作品的这些表现形式基于现场的材料特点，材料既有单一的工业结构钢材（型材），也有废旧的现成品。这些饱经沧桑的机器零部件，是工业文明的见证，偶遇的因素放置一起，展现出新的韵味。还有的作品用现代方式去展现古代文明的风采，在材料的特性上进行了神奇的转换。

学会阅读材料，倾听钢铁之声，是做好作品的前提。到成堆的材料中去感受它们的生命、情感、脉动，通过反复的切割、焊接、敲打，展现生动的造型意向。找到自己的兴趣点非常重要，也是完成创作的突破口。钱悦认为："铁皮在外力下产生的形变是我最感兴趣的点。各种外力将铁皮相互挤压带来有机的高点，而其本身平面所产生的支力也会保持大部分直线和面的形式。我认为这种'点线面'所牵动的随机空间很美妙，带有铁皮特有的强度。"

有的同学还十分具有研究精神，正如王闽南所说："创作思路的不断深入和升华，这是我来到雕塑创作营最大的收获，在研讨方案过程中，老师们给了我很好的建议，从看到废旧的零件天马行空，到慢慢地开始系统的研究，从对机械齿轮简单的拼凑，到慢慢地引向了建筑的造型，最后提炼出了几根立柱的造型，又经老师的点拨，查阅了古代建筑的造型，用几根简单的立柱结合了建筑造型设计出新的方案……"

2014 年"钢铁之夏"国际青年金属雕塑创作营作品现场

为期一个月的创作营中，教学与创作紧密结合，学术研究与审美普及相互呼应，高校教育与地方发展相契合，全国美术兄弟院校之间也产生了直接的学术互动，中外学子共同切磋雕塑技艺。

通过金属雕塑创作营的开设，学生的创造性思维获得宝贵的历练和开发。学生通过形象思维去接触、感知与学习，实现对学生想象力水平和创造力水平的极大提高，有助于帮助学生实现创新精神的养成。梁家富称："当面对巨大废弃的钢筋机械零件时其实有点茫然和小失望，之前有的想法可行性不是很高，所以后来索性注重在场性，有什么做什么，倾听材料，在废弃堆上想象和整合看到的，没想到一下子就有了灵感，从一个管道阀门之类的东西就联想到了乐器。后来在主办方和协作的师傅帮助下也很顺利地完成这个作品。"

金属雕塑创作营活动实现了学生、企业、社会的"三赢"，作品呈现了丰富的面貌，展现了多样化的教学思考，对于加强学校之间的交流、青年艺术家的成长都大有裨益，"钢铁之夏"将继续探索、不断前行。

第三节　从学校向社会延伸的平台

通过开展雕塑美育实践活动，营造从学校向社会延伸的平台。在社会的大平台中，学院的艺术教育价值得以彰显，艺术也参与到地方文化建设，形成教学、科研、企业的互动，进而实现了学校教学向社会实践的延伸。"高校要积极吸收社会优势资源，丰富人才培养的内容和形式。根据不同艺术专业的市场需求，调研并评估其未来发展趋势，加强校企合作力度，利用好社会公共资源，推动学生理论知识和实践操作技能的提升。为了启发学生对美的感触力，教师还可以将课堂延伸到校外，挖掘更高层次的美育形式，如带领学生参观美术馆等，强化学生对艺术的鉴别欣赏能力，激发其创意热情。" ❶ 此外，艺术院校还可以为学生搭建一个创意平台，要求学生以个体或团队的方式创作艺术作品，体现出学生对美的追求的具象化过程。

---

❶　任宁：《高校美育教育在人才培养中的融合与提升》，《艺术教育》2020 年第 12 期。

一、从课堂教学到向社会推介

艺术教育是一个漫长的系统工程。从课堂教学到社会的推介，同学们的艺术才华得以施展，作品面向公众，获得更大的展示空间。位于景德镇的中央美术学院陶瓷艺术研究院，是中央美院教学成果向社会展示的一个重要平台，成为师生的教学、创作、展示基地，立足于振兴陶瓷文化，推动文化与城市发展，构建起学校与艺术机构协同发展的平台，也让古老城市焕发新的生机。景德镇是世界瓷都，首批国家历史文化名城、世界手工艺与民间艺术之都，这座有着千年历史的艺术之城，是艺术家们向往的热土。陶溪川文化创意园，以原国营宇宙瓷厂工业旧址为中心区打造文创街区，正逐渐成为这座城市的文化地标，传统与当代交融，成为艺术的集聚地、梦想的孵化园、青春的大舞台。陶瓷艺术研究院位于创意园内，是一个学术品牌机构，举办展览和学术活动。

近年来，中央美术学院陶溪川美术馆开展了一系列学术活动，其中，雕塑系各工作室的教学成果展，是课堂教学向社会推介的典型，也是近年来雕塑系工作室教学成果的一次集中梳理总结。

雕塑系第一工作室由王伟教授主持，一直秉承着"老美院"的教学传统，在保持雕塑系优良传统与专业水准的同时，鼓励学生大胆尝试，突破创新。2019年7月16日，"不拘一格——中央美术学院雕塑系第一工作室教学研究展"在中央美术学院陶溪川美术馆成功举办。展览围绕教学主题展开，大体分为习作课、传统雕塑临摹、创作三大板块，展览汇聚了第一工作室20年的丰厚教学成果，充分反映了工作室教学中"不拘一格"的风貌。

雕塑系第二工作室由陈科教授主持，是中央美术学院雕塑系自成立工作室模式以来一直延续至今的教学工作室，是基于"老美院"传统雕塑教学体系并与中央美术学院的历史发展同步的，同时也是一个传承以欧洲写实雕塑技法和语言为方向的工作室。2019年3月2日，"四季如歌——中央美术学院雕塑系第二工作室教学研究展"在中央美术学院陶溪川美术馆开幕。此次展览也是一个关乎雕塑具象与写实人材培养的教学研究,更是现实主义雕塑在当代发展新的可能性的学术探究。

雕塑系第三工作室由于凡教授主持,一直秉持着探索实验的精神,从事当代艺术的传承和教学。2020 年 8 月 30 日,中央美术学院雕塑系第三工作室教学展"水落石出"在中央美术学院陶溪川美术馆开幕,此次展览安排了一部分实验和未知,除了有教师提名的 12 位青年艺术家作品外,还有 6 名本科生前来现场根据展厅通道的环境进行创作,而他们创作依据的是往届学生的作品和材料。以材料现场创作的方式,呈现出一个汇报教学成果的展览,不仅展示了作品,更直接展示了一次"课堂",保留下来的教学现场化身为展品,探索新的展览形式。

雕塑系第四工作室由曹晖教授主持,工作室将"材料与表现"作为鲜明的学术主张,立足于当代雕塑创造力的表达。2018 年 7 月 10 日,"物的边界——中央美术学院雕塑系第四工作室作品展"在中央美术学院陶溪川美术馆隆重开幕。展览展出了教师和部分毕业生共计 51 位艺术家的近期作品,是一次教学的梳理,也是一次最新创作的展示。在第四工作室全体教师和学生的共同努力下,依托中央美术学院雕塑系坚实的造型教学体系,以当代材料的历史研究、文化研究、先锋性表达为基础,以培养具有国际化视野的创造性艺术人才为目标,逐步形成了中央美术学院雕塑系第四工作室独特的教学方法和人才培养模式。

雕塑系第五工作室由胡泉纯教授主持,重视学生在艺术创作中的公共性的培养,强调学生在创作语言实践中对社会的介入。2019 年 9 月 24 日,"贴地飞行——中央美术学院雕塑系第五工作室教学研究展"在中央美术学院陶溪川美术馆开幕。此次展览汇聚了第五工作室近些年来的优秀教学成果,充分展现了工作室教学中强调实战,"贴地飞行"的专业态度。

雕塑系第六工作室由杨靖教授主持,工作室的研究方向与学术思想沿袭了上下五千年的中华美学脉络,可谓源远流长,博大精深。2019 年 11 月 30

日，"器像万千——中央美术学院雕塑系第六工作室教学研究展"在中央美术学院陶溪川美术馆隆重开幕。展览呈现了第六工作室十年来的教学思想和理念，是教学成果的一次集中总结，内容丰富，"器像万千"。

中央美术学院雕塑系的教学一直是以导师工作室的教学模式开展的，也一直在推进面向社会、符合新时代的教学格局。系列展览旨在进一步梳理雕塑工作室的教学与创作脉络，展示工作室独特的教学方法和人材培养模式，以及近年来的教学成果。以第二工作室为例，工作室的教学注重雕塑造型的基础训练。"这里所谓的'基础'，是审美的基础，造型的修养；所谓'训练'，不单是技巧的训练，更是对动手能力的培养。动手的过程，是在塑造中思考审视的过程，以致'心手合一'的境界。作为一个写实工作室，最基础的训练，训练的其实是一个人的内心，学会用心感受雕塑，在触摸形体的过程中，掌握一种表达的语言，学会一种思考的方式，体验一种生命的状态。建立起雕塑家的责任感，获得严肃认真的工作态度。"❶

工作室教学成果展览，搭建了一个反观学院雕塑教学的平台，展览在中央美术学院陶溪川美术馆举行，这里有众多艺术学子共同交流，展览带来了良好的社会反响，促进了学院雕塑教学的进步。面对特色鲜明的工作室成果展，青年雕塑学子在观展的同时，不仅可以学习技法，也带着问题意识，更加深入地思考与学习，研究雕塑艺术的理念，提升艺术鉴赏力与创作水平。

雕塑系各工作室的教学成果得以在此汇报与展示，教学成果向社会推介，打造了丰富的"第二课堂"，有助于学生在更大的平台上展示创作水平，是对教学理念和特色的系统梳理。此外，在中央美术学院陶溪川美术馆还举办了一系列的主题学术活动，例如"复调——中国当代雕塑新锐作品展"，展现中国年轻雕塑家对社会与艺术的思考、对形式与语言的探索，并揭示中国的学院内艺术教学与当代艺术思潮相交融的态势。"推衍——中国当代陶艺学术邀请展"邀请中国有影响力和活跃的中青年陶艺家，展出作品达百余

---

❶ 展览文脉|《四季如歌——中央美术学院雕塑系第二工作室教学研究展》，中央美术学院雕塑系微信平台，2019 年 3 月 5 日。

件，呈现他们在陶瓷材料创作上的学术思考，呈现近年来中国陶艺领域的学术成果。"华彩之塑——中国传统彩塑艺术研究与传承专题展"，展示中国本土彩塑的质朴和浑厚的艺术魅力，是教学与实践相结合的产物，不断构建中国本土雕塑教学体系。"开门见山——首届陶溪川中央美术学院造型学院学术邀请展"，展出了中央美术学院造型学院二十余名一线教师新近创作的作品，是教师创作成果在陶溪川艺术园区的一次集中呈现，展示了一线教师在教学、创作方面的艺术探索。

在陶溪川美术馆举办的一系列展览，具有深远的意义，一方面，中央美院师生的教学、创作成果获得了展示平台，向社会推介；另一方面，师生深入景德镇这座文化底蕴丰富的历史名城进行交流实践，也为陶溪川艺术园区的发展和陶瓷艺术的进一步拓展作出了贡献。这种面向社会的教学基地，对于教学的发展大有裨益。

二、打造艺术品牌活动

近年来，中央美院雕塑系开展各类主题创作活动，与社会资源合作，提供了广阔的社会平台，各大美院学子同台竞技，互相学习，将学院所学的造型理论通过这个平台展现得淋漓尽致。打造一个艺术品牌活动，需要理论实践相结合的良好契机，更需要长时间的积累。品牌活动经常需要与政府、企业、文化机构合作，才能够获得更大的展示平台和硬件支持。前文所述"曾竹韶雕塑艺术奖学金"入围作品展览、"钢铁之夏"国际青年金属雕塑创作营是这类活动的典型代表。此外，雕塑系还有很多其他品牌活动，全方位打造雕塑美育实践的综合平台。

（一）"潘绍棠雕塑艺术奖学金"

以知名雕塑艺术家的名字命名的奖学金，还有"潘绍棠雕塑艺术奖学金"。它是一个资助雕塑青年学子的奖助学金，是一项常态化资助雕塑系学生创作的品牌活动。潘绍棠先生是我国著名老一辈雕塑家，教育家，1952年毕业于中央美术学院雕塑系。为促进中央美术学院雕塑系的学风建设，鼓励学术研究、热爱集体、热心公益的精神，同时搭建支持贫困学生的平台，雕塑系与潘绍棠先生合作，设立"潘绍棠雕塑艺术奖学金"。奖学金设"优秀学生奖"与"助学奖"两个部分。该奖项每年颁发一次，面向雕塑系本科学生设立。

2013 年以来，奖学金共资助百余名青年学子，在央美的发展历程中，对学院精神的传承，是几代人共同努力的结果。老一辈为央美的发展作出了巨大贡献，克服重重困难，投入新中国的雕塑艺术教学与创作中，纵然遇到挫折和困难，信念也没有动摇。这源于他们对艺术的执着追求和热爱、对学生的热爱，以及崇高的品德和高尚的情怀。他们从风雨峥嵘的岁月中走来，回馈社会。这是继"曾竹韶雕塑艺术奖学金"之后又一个前辈提携后起之秀的雕塑艺术奖学金。潘先生的慷慨捐助，温暖着后辈们的心，定会让他们在艺术的道路上走得更远。

潘先生多年来的善举，弘扬了雕塑系青年学生勤于钻研、服务社会、关心集体的精神，对雕塑系的学术建设、育人理念，具有指导性的意义。同学们表示，要以感恩之心，把这份热量传递下去，朝着更高的目标努力；秉承着前辈的殷切期盼，坚定自己的艺术之路，坚持做"有筋骨、有道德、有温度"的作品，要静下心来、精益求精搞创作，把最好的精神食粮奉献给人民。

2018 年，在奖学金设立五周年之际，还举办了历年获奖作品展，获得"优秀学生奖"的同学，将自己的代表作呈现在展厅。这次展览是对"潘绍棠雕塑艺术奖学金"资助青年创作的一种反馈，也是对其近年来成果的检阅。在奖学金的资助下，获奖同学拥有更多的资源去创作、思考和学习，能全身心投入艺术事业中，为了艺术理想坚持奋斗。他们表示，奖学金的资助为其人生点亮了一盏灯，潘先生的慷慨善举，照亮了他们的艺术之路。

（二）毕业生作品展

　　每年的毕业季，是艺术院校的重要时节，毕业展是一场别开生面的展览大秀，毕业生们的作品洋溢着青春的气息。在这个舞台上，青年学子将自己的深入思索转化为艺术作品，展示给观众，他们在毕业季的舞台上展现自己的艺术光芒，吸引了广泛的社会关注。举办毕业展，可以把教学成果分享给全社会，让社会各行各业人群可以欣赏到多元化的作品面貌，是一次审美教育。同时，毕业展也让青年学子能够直面社会，展示自己的学习成果，是从学院象牙塔跨入社会的第一步。

　　毕业展分为本科和研究生两部分，是毕业生几年来学习成果的集中体现，也是导师指导和工作室教学的集中展示。各个系的毕业作品都呈现出独特的艺术特色，雕塑展区是其中比较活跃的展区，作品体现了雕塑系教学的最新成果，展现出良好的状态和水准，从中可以看到近年来同学们潜心于雕塑创作，在作品质量上的精益求精。参展作品风格各异，体现出对雕塑语言、材料的强烈探索精神。有的作品秉持传统的雕塑技艺，并予以升华；有的作品大胆运用新材料和新技术，例如以 3D 打印技术拓展雕塑艺术的表现范畴；有的具有深厚的历史文化底蕴；有的富有哲思与灵动的气息。

　　同学们潜心于雕塑创作，在学术品格上精益求精，将知识炼化为自身修养。为了热爱的雕塑艺术而精雕细琢，同学们在雕塑系这个温暖的大家庭里学习、历练，雕塑的重量感与体积感让他们的心胸变得宽广，也使其作品富有表现力。他们秉承美院赋予的艺术创造精神，在艺术道路上不断开拓创新。同学们不断提高自己的艺术水平，并不断向社会延伸，关注当下，关心社会。参展作品体现出强烈的探索和创新精神，不仅体现了精湛的技艺，也展现了美院人宽广的学术视野与博大的胸怀，对时代变迁、社会发展的敏锐观察，以及对自我人生价值的深入思考。

　　本科展览鲜明地体现了工作室的教学特色，具有青春与朝气。五年的专业学习，让同学们得到了学术和思维水平的历练，吕鑫杰称："在毕业创作的过程中我学会了只有通过不断的做而不是空想，才能明确创作的思路。因为我用到的是少有人用到的蜡作为媒介，所以在实现想法时会遇到很多技术上的问题，但也通过不断的尝试和与老师们的交流，基本解决了一部分。这几年的本科生活使我不仅收获了有关艺术的知识，还收获了与同学们和老师们的友谊，真的很庆幸能在美院学习。"

通过点滴的积累，不断锤炼艺术水平。李依黛回顾自己的学习历程："从大二下半学期开始，我们上了各种材料课，石雕、木雕、金属焊接，等等，往后当大家开始独立创作时，这些课程上所积累的知识就开始显得弥足珍贵了。从理论到实践，所有的能力都是做雕塑的基础，包括每次课程作业后总结的不足，也都让我们避免之后的创作再走弯路。这一步步的铺垫，使我们甚至在没有意识到的情况下，就已经具备了独立的能力。"

通过不断的探索和克服困难，锤炼独立思考的能力，时子媛称："在雕塑系的学习一路走来都很踏实，在最后的毕业创作中有不曾预想过的困难，也有意料不到的状况，问题一步步解决下来，无疑也锤炼了自己的思考方式和独立完成作品的能力，大半年的坚持不只是为了完成一件创作，更是作为最后的一个总结和交代。"

"雕塑给我打开了认知的新世界，让我从多角度去理解事物"，宁波这样谈到五年来学习的收获，"感谢这五年，最美好的五年。我学会了从真正意义上宏观地去看待对象的造型，从多个角度去观察，而不是平面地，二维地。还有就是对空间、体量有很敏感的感知，这是雕塑给我带来的训练和提升。"

创作的过程是对学术水平和思维水平的历练，张宇捷称："刚进入雕塑系时对雕塑一知半解，在老师的悉心指导下，和同学一起学习讨论之后对雕塑有了更深的认识。我的创作现在呈现出来的样子其实和一开始完全不一样，但是我觉得这种不一样只是形式上的不一样。创作始终是围绕'废墟'来进行的，创作应该是一个不断推翻现有认识然后建立新的认知的过程。"

研究生展览是导师指导下的学生创作，经过时间的积累，研究生的造型语言相对完整，会形成自己的体系。金芃百称："我在大约一年前开始了毕业创作，从最初的构思到最后的完成，其间经历了多次调整与改动，曾有过激情澎湃的勇往直前，也曾有过彷徨的犹豫踌躇。这一切交替进行着，时而令我满心欢喜，时而令我举步维艰。但当我迎来了毕业展览的这一天时，我豁然开朗，这种矛盾应该才是一个艺术家追求艺术的真实状态。"

毕业展既是一次研究性的创作，也是教师学术力量的展示，同时还是向社会延伸的平台。学生们在自由、多元的艺术氛围与自主、严谨的治学风范中逐渐成熟。王川称："虽然干起活来也会有些累，但整个过程还是比较顺利，感谢导师对我的悉心指导和支持，没有老师的鼓励和支持，我很难在自己幻想的艺术里勇往直前，完整并彻底地呈现出来。"

作为研究生学习生涯的汇报展，其综合性、学术性、创新性要求都非常高。无论从数量、整体把握或观念表达方面来说，毕业作品对于青年学子都是一个大的挑战。相信这样的挑战，对于每个艺术家来说都是一次历练。倪秉栩称："在这三年的研究生学习期间，研一下半学期开始，我对雕塑的创作有了提高性的认识，有了略带突破性的思考。本科阶段主要还是以架上雕塑语言研究为主，在研究生阶段注入了不同学科的知识，创作的思维上有所变化，不再有惰性，而是寻求创新。"

在美院的学习经历是宝贵的精神财富。刘桐称："回顾研究生的三年，我收获了非常重要的做艺术的态度，那就是安于本位，踏实而安心地做创作，思考问题，而不是浮于狂想与空谈，单纯而努力地坚持信念，自然会渐渐离开焦虑和彷徨的侵扰。在这个比较纯粹的环境中成长，同时以成年人的身份进行相关的社会实践，与不同的人交流，令我能更全面地看待问题，同时更清晰未来的方向。美院是我坚强的后盾。本科毕业时的我向往诗和远方，却不愿看自己脚下的路，研究生毕业的我，愿意脚踏实地，终身学习，但行好事，莫问前程。"

毕业创作的过程，是不断探索的历程。张金宏称："刚开始时比较慌忙，时间紧迫，在选择材料上遇到很大问题，我选择了刻石膏，但是石膏做起来有许多问题，比如称重、架构、易碎，通过自己的不断尝试，选择了钢架结构将石膏和石膏块衔接组成一个大的雕塑的办法来实现。"

展览是终点，更是起点。学生们秉承美院赋予的艺术创造与精神自由，在今后的艺术道路上不断成长。

（三）党建品牌活动

雕塑系结合专业，坚持"党建带学术，学术促党建"的原则，抓好党建品牌活动，举办了系列主题展览活动。为培养"家国情怀"，雕塑系党支部组织支部党员师生，进行加强党建的专业创作活动，旨在培养广大党员师生在创作中懂得感恩亲人，以雕塑的方式讲述家庭故事。展览的主题为《家庭故事——为亲人塑像》，家庭是学生的第一课堂，更是温暖的港湾，父母和亲人是我们拼搏向前的坚强后盾。三年的疫情，使居家上课成了常态，我们与家人的相处变得更为密切和深入。给亲人塑像，把自己的真挚情感凝练在创作之中，以艺术作为情感表达的最佳方式。雕塑系党支部全体党员师生积极参与本次创作活动，他们利用课余时间创作。作品形式多样，内容丰富，情感真挚。在创作过程中，支部多次组织师生讲评与研讨，不断深化推进方案，最终呈现出 21 件作品。

雕塑系党支部还组织"师辈"主题创作活动，同学们为自己尊敬的老师塑像，创作形式多样，有的塑造一位德高望重的老师，有的塑造导师组群像，有的选取一个点细致刻画，有的表现优秀老师的共性，弘扬尊师重教的精神，强调艺术的传承。为了准备创作，支部组织了数次集中汇看，并由专业教师一对一辅导，对雕塑作品的造型手法和技艺进行针对性指导，同学们在活动中也得到了历练和专业水平的提升。

（四）专题学术讲座活动

此外，雕塑系还举办系列主题讲座，打造学术品牌和亮点，对年轻教师和青年学生进行培养，举办"大师之路"专题讲座。在新中国的历史中，中央美院雕塑系涌现了一批德高望重、学术成就非凡的老先生，这是宝贵的资源，为了利用好这个资源，每年邀请一至两位雕塑系老教授、老党员，讲述雕塑专业知识，同时结合时代背景，讲述美院和雕塑系历史。

大师的成长之路，对青年教师和学生是一种借鉴。邀请老教授给青年师生讲述美院光荣传统，学习美院老一辈知识分子"党让我们去哪里，我们背上行囊就去哪里""始终与党和国家的发展同向同行"的精神，帮助青年知识分子牢固树立家国情怀和奉献精神。"追寻大师之迹，体味先辈之心"，青年师生聆听老先生讲述专题故事，对个人的成长和发展大有裨益。老教授有丰富的人生阅历、渊博的知识、深厚的理论功底。邀请的专家中，有数十年党龄的老党员、老教师，在多个岗位上奉献了自己的力量，一直以来关心下一代，体现出共产党员的初心和使命。

青年学子要时刻牢记人民是国家的主人，艺术实践要从人民中来，到人民中去。艺术只有为广大人民服务，才能够创造出紧扣时代脉搏的作品，才能够被世人铭记。每一个时代都应该表现出每一个时代的声音，中国的艺术才能代代相传下去。大师，是最好的榜样。"大师之路"主题讲座形式多样、贴近现实、内容丰富，前辈们实事求是、理论联系实际的精神深深扎根于美院，更是用他们全心全意为人民服务和自力更生艰苦奋斗的精神感染了其后的一代又一代人。老一辈的精神就是留给我们的最宝贵的财富，我们应当谨遵老先生们的教诲，将他们的精神发扬光大、代代传承。

除了大师讲座，雕塑系的日常学术讲座活动也非常活跃，还邀请到国内外学术前沿的雕塑家，为学生开展讲座，拓宽学术视野。例如《大美敦煌——敦煌石窟艺术的发展演变》讲述敦煌石窟艺术的传奇历史；《西方当代艺术漫谈——西方当代艺术审美性》探讨西方当代艺术的特点；《视觉叙事与偶人动画——荷兰国际动画电影节短片放映及讨论》为同学们放映荷兰国际动画电影节的部分选片，与同学们进行讨论交流；系列讲座《伦敦来电》探讨英国艺术的特色；《数字化技术的前沿与造型艺术》讲述前沿科技与传统造型艺术的结合；《文化修复乡村：乡村复兴之文化策略》探讨传统文化引领乡村复兴的策略；《未来考古》探索跨文化、跨时间的符号意义；《净土而来的造型 ——佛教雕塑西北行》着重于佛教雕塑在西北地区的表现，从雕塑史角度谈佛教造像在中国的发展。

这些讲座、论坛，丰富了学生的课外生活和学术视野，提供了观察社会、感受多元艺术、了解国内外艺术前沿的重要窗口。著名雕塑家的经历，为学生树立了标杆，起到激励作用；艺术前沿的动态介绍对他们的艺术创作有很大的启发；理论知识的系统梳理，也为他们的创作实践提供理论支持。

三、艺术参与地方文化建设

艺术参与地方文化建设，彰显地方文化特色。"雕塑因其自身的优势和独特的艺术价值，未来的发展趋势在介入城市、社会、公共空间等领域，构筑和提升精神文化场域等方面会发生越来越积极的作用"，"在雕塑成为专业学科进入高校以来，其要求不应该仅仅限于雕塑人才的培养，还应该在雕塑艺术介入公共生活、助力雕塑知识的启蒙与普及、提升公民的雕塑素养和鉴赏力等方面发挥积极的作用并承担起相应的责任。这里虽然强调的是高校作为教育机构自身的职能发挥，但因为这种社会职能的有效发挥其实现途径是多样的，这其中学生的参与必不可少，这又构成了学生社会实践的一部分，而学生服务社会等责任意识的树立，则是通过广泛地参与社会实践这一有效途径来实现的"。❶

艺术创作融合当地的历史文化，并参与重构，生发新的内涵。大同九龙壁始建于明朝洪武末年，距今已有 600 多年的历史，九龙壁是大同的标志性建筑和传统文化的代表。2012 年 7 月，中央美术学院雕塑系创作团队吕品昌、张伟、孙璐教授创作巨型工业雕塑《新九龙壁》。应时任大同市市长耿彦波的邀请，在考察大同煤气厂工业遗址后，受现场环境和材料的启发，吕

---

❶　董书兵：《高校雕塑教育需培养复合型人才》，《中国美术报》第 192 期，美育专版。

品昌教授提出建造新九龙壁的创意设想。该计划得到肯定并迅速展开实施工程。创作团队首先对明代的九龙壁进行考察,对其历史文化价值进行讨论研究,并参照大同的工业特色,采用最具大同工业特点的煤矿工业设备为创作素材,集中体现了大同能源行业的特色,还展现了造型的机械美感,是对九龙壁的传承与创新。

创作团队和现场的承办单位、施工团队密切配合,将这些巨型的机械设备组合起来,很多机器单件重量在几吨到几十吨,创作团队根据选取的机械设备的实际尺度和形态进行重组,形成一个造型语言独立完整的主题作品。新九龙壁是一次艺术的新尝试,既是对传统文化的致敬,也是雕塑语言的新探索;新九龙壁体现了传统文化与工业文明的对话,为大同"雕塑之都"的建设增添新的文化名片。

艺术参与地方文化建设,延伸至城市空间。以 2013 大同雕塑双年展为例,展览的主题为"延伸",分为三个维度:让当代雕塑延伸到城市空间;让雕塑艺术延伸为当代语境;让传统雕塑延伸进当下现实。展览并希望在三个学术方向进行推进:打破室内、室外的界限,让当代雕塑与公众的日常生活融为一体;跨越雕塑的旧有范式,在文化情景中让雕塑获得当代定位;摆脱传统与现代的对立,将传统雕塑化为新的资源,在当代延续和传承。展览的结构包括三个主展板块:用雕塑激活城市;当代雕塑的方位;文明的质感。其中,第一个板块,邀请著名雕塑家结合城市文化背景,创作主题雕塑。

当雕塑坐落于城市中,其社会功能就彰显出来。城市雕塑装饰和美化了市区面貌,增加城市的景观,具有公共性。城市雕塑一般建立在城市的公共场所,可以单独矗立,也可与文化机构建筑融合。城市雕塑的外延较广,创作者结合城市的历史传统、民间传说、地形地貌等因素,建立雕塑与城市的内在关联,创作出契合城市特质的雕塑作品。

每个城市有独特的文化特质,文化能够使城市的魅力彰显,当不同地域的城市雕塑置于人们的视野中,这些地标建筑具有文化符号的内涵,形成非常广泛的辐射力和影响力，开阔了人们的视野、展现了特色文化，具有深远的意义。

"钢铁之夏"金属雕塑创作营活动，是艺术参与地方文化建设的典型案例。从 2013 年之后，活动立足于太原工业文化创意产业园。金属雕塑创作营在太原举办，有其深层的文化根基。太原，是一座历史悠久的文化古城，也是早期的重工业城市，昔日的大型企业曾为工业建设作出巨大贡献。随着现代化生产方式的演进，产业结构转型，大量机械设备被闲置或淘汰。如何面对这些闲置的工业遗存？中央美术学院与太原市政府合作，联合国内外知名美术学院，对工业遗存进行再创造，开辟了一条新径。运用工业时代拆卸下来的设备创作作品，对工业时代和城市记忆进行传承。

太原化学工业集团 1958 年由苏联援建，后来企业面临改制，厂区停产，经过合理规划，邀请青年艺术家在厂区的腹地进行再创作，让废旧的机器零件焕发新的生机。不少作品还进入太原城市中心，作为城市的地标建筑，成为城市的风景线。废旧金属以新的秩序重组，以一种新的形式延续其生命力，给人带来强烈的视觉冲击，部分作品立于公共空间中，成为城市的新标志与文化符号。

近年来，雕塑系一直尝试让金属雕塑艺术走出学校，为城市文化建设贡献力量。青年学子运用钢铁进行雕塑艺术创作，以金属雕塑语言诠释工业文明之美。作品具有很高的学术水平，加强了作品与观众的互动性。有的作品可以实现人的手动参与，并且能发出声音；有的作品与太原文化结合紧密，实现了审美的互动。无论在表现形式还是在与观众的交互中，都给予观者新的认知感受，拉近了雕塑与大众的距离。通过与教学实践基地合作，学生将学院所学的专业知识服务社会，有效推进了学术成果运用到城市公共空间的建设，为城市空间增添新的生机与艺术韵味，是雕塑艺术与城市文化的有机结合。

金属雕塑创作营的一部分作品被遴选后，被放置于太原市区的各个角落，成为典型的文化景观和地标建筑。例如孟彬的《钟韵》，利用废弃钢材，制作出一件符合太原历史文化底蕴的雕塑作品。金属材料以新的形式重组为一尊古雅的钟，立于城市空间，富有文化底蕴，为城市文化建设贡献力量。

材料是富有生命力的，大到机床，小到螺丝钉，都是工业时代的印记。运用这些材料去表现人的情感，而不只局限于实用的诉求，通过这种媒介展现艺术家的思想、审美，与当下社会文化发生关联，这就是一种超越，一种升华。金属雕塑传承的是一种文化，传达的是一种温度，这种温度是持续关注的热情，是对人才培养的重视，它默默地涵养这片土地，回望灿烂的工业文明，并让雕塑见之于艺，见之于美，见之于心。

第三章　雕塑美育面向社会的理路和策略

第一节　美育实践促进社会文化建设

面向社会的雕塑美育实践，促进社会精神文明建设。《国家中长期教育改革和发展纲要》提出，高等院校要增强自身的社会服务能力，充分发挥自身社会服务功能，积极推进先进文化的传播、积极弘扬优秀传统文化并发展。构建社会公共文化服务体系，增强公共文化服务动力，加强公共文化产品的供给，提高大学生社会服务意识，必须积极履行高校的社会服务功能。

一、主题雕塑创作的引领作用

（一）参与国家主题创作，完成庄严使命

2021年6月，中国共产党历史展览馆正式开馆。广场上，五大主题雕塑庄严矗立。大型党旗雕塑《旗帜》气势磅礴，《信仰》《伟业》《攻坚》《追梦》四组大型雕塑分别对应"四个伟大"主题，展现中国共产党一百年来为人民谋幸福、为民族谋复兴的峥嵘历程。这五组雕塑由中央美术学院、中国美术学院、清华大学美术学院、鲁迅美术学院、中国美术馆等有关单位共同参与创作。其中，雕塑《信仰》由中央美术学院创作。

面对如此重大的任务，在院党委书记高洪、时任院长范迪安和时任系主任吕品昌的带领下，雕塑系集结全系骨干精英，张伟教授和陈科教授作为项目领衔主持人，团队成员汇集了柳青、徐晓楠、杨靖、牟柏岩、王伟、李展、胡泉纯、杜英奇、李志杰等一批优秀骨干。创作过程中，十几版的雕塑泥稿尺寸反复调整，团队成员充满创作热情，任劳任怨，常常通宵达旦，全身心投入创作。历时三年，师生团队成员克服重重困难，团队主创及助手40余人驻扎在创作园区，完成党和国家交代的庄严使命，彰显艺术为社会服务的价值。

主题雕塑以"宣誓"为核心，集中表现各个历史时期、各行各业、各民族与各阶层的共产党人的形象。雕塑中共有71个人物形象，以上千个中国共产党百年历史的英雄模范人物为参照，这些人物形象是中国共产党各历史时期精英力量的代表。雕塑生动地展现了中国共产党领导全国各族人民，为实现中华民族伟大复兴梦想奋进的英雄气概，形成层峦叠嶂、齐心协力、众志成城的意象，突出信仰的庄严与笃定。

重大主题雕塑创作，对于时代文化有引领作用。雕塑系师生团队合作，在建党百年之际，创作中国共产党历史展览馆广场主题雕塑，形象地展现出中国共产党的百年奋斗历程。主题雕塑展现十二组场景：八一南昌起义的火线入党、卖报孩童、铁路工人罢工、刑场上的婚礼、五四运动、早期建党领袖、"青纱帐"中的敌后武工队、红军长征过草地、狱中女党员、吹响全国解放号角、开山筑路、抗震救灾，将统一的宣誓动作置于各个场景中。现场观者面对雕塑，回顾百年峥嵘历史，为作品所呈现的精神气概所感动，面对雕塑作品肃然起敬。

《信仰》主题雕塑，将抽象的理念以具象可感的形式呈现出来，充分展现了塑造技法和造型语言的特色。为了表现这一宏大的主题，创作团队从小稿阶段，反复修改、调整，最终形成定稿。雕塑中每一个人物形象，展现出朝气蓬勃、奋发向上的精神气概，是时代精神的凝固，引领社会公众坚定对于信仰的文化追求。《信仰》主题雕塑是雕塑从艺者学习的典范，创作了丰碑，创造了历史。

在中国共青团即将迎来成立一百周年之际，2021 年初，中央团校委托中央美术学院创作校园主题雕塑，中央美术学院党委高度重视此次创作活动，成立了由雕塑系主任张伟教授领衔的创作团队。经过数十次的创作稿审定和无数次泥稿修改调整，凝聚着众多央美教师心血的作品亮相。2022 年 4 月，由中央美术学院雕塑系主创团队创作完成的中央团校校园主题雕塑《理想》落成，这是中央美院雕塑主创团队继中国共产党历史展览馆大型雕塑《信仰》之后创作完成的又一力作。主题雕塑为整个校园人文景观和文化环境注入了灵魂，是庄重大气的红色地标，观者驻足，接受的不仅是艺术上的熏陶，更是精神上的洗礼。整体雕塑由均衡的、上升的等边三角形构成，气势恢宏，给人强烈的视觉冲击，人们为雕塑展现的精神气质所感染。

主题雕塑《理想》，总高 9 米，以铸铜人物群像为意象，并以高昂飘扬的鲜红旗帜为背景，突出表现其象征性与当代性。雕塑主体为 7 名不同职业、不同身份的青少年人物群像，紧跟高高飘扬的党旗、团旗向前行进，鲜明表达了坚定不移听党话、跟党走的决心，生动展现了新时代青少年志存高远、砥砺奋进的形象，将抽象理念具象化，将时代精神与美学标准相结合，展现出青春气质和团校特色，具有独特的艺术价值，引领团校学员，不断开拓进取，勇创佳绩。

与之类似的国家主题雕塑，还有中国人民抗日战争纪念雕塑园，地处宛平城与京石高速公路之间的三角地带，北倚宛平城墙，西临卢沟古桥，集历史、文化、艺术和爱国主义教育于一体。纪念碑周围是雕塑群区，摆放着 38 尊直径 2 米、高 4.3 米、重 6 吨的柱形青铜铸雕塑。群雕以《国歌》为主题，反映中国人民浴血抗战历史，由 38 尊柱形青铜雕塑组成，在布局上采用我国传统的碑林的形式，气势宏伟。根据抗日战争中不同的历史时期、事件和场景分为四大部分："日寇侵凌""奋起救亡""抗日烽火""正义必胜"，以现实主义的手法，结合中华民族的艺术传统，再现了英勇抗敌的英雄气概。

群雕于 2000 年在卢沟桥畔落成，雕塑系老中青三代艺术家用心血和汗水创作而成。抗战群雕不仅是一座座历史的丰碑，也体现了艺术家们对于当代艺术及其发展的思索，它是中西雕塑理念结合的产物，突出了传统中心柱的单体布阵形式，体现了传统碑林的特点，具有突破性的意义。在设计上融入了大量中国传统的造型手法和透视方法，使这组雕塑不同于以往西方传统纪念碑雕塑的模式，在思想性和艺术性上独具特色。

主题雕塑是爱国主义教育的重要基地，置身这片雕塑群中，时光仿佛回到了那令人悲愤，进而奋起反抗的年代。雕塑中人物场景生动形象，展现了我国军民团结一心、英勇奋战的感人故事，彰显了中国人民不屈不挠的民族精神，令参观者感受到洗礼，内心无比震撼。

（二）参与创作新时代主题性创作

近年来，雕塑系教师为社会服务，制作出许多新时代主题性雕塑。2018年国家教育部向澳门大学赠送的《博雅之璧》雕塑就是一个典型代表。雕塑作品由中央美院雕塑系主持制作，创作由吕品昌、胡泉纯、牟柏岩、徐晓楠、梁尔亮等教师设计实施完成，《博雅之璧》象征中央政府对澳门教育事业的关爱与支持，承载了澳门大学的校训精神和"大博""大雅"的人才培养理念，喻意澳门大学弘扬中华优秀传统文化和传统美德。

《博雅之璧》设计新颖、古朴典雅、气韵生动，具有深远的寓意，它体现了国家对澳门大学的期望和重托，希望澳门大学能够如"博、雅、璧"这三字所代表的高远寓意一样，肩负历史使命，培养胸怀国家、博闻强识的人才，把澳门大学办成一所中国名校、世界名校。

公共艺术作品《永无止境》也是高校主题雕塑的一个代表，为纪念建校八十周年，北京外国语大学委托中央美术学院雕塑系而创作，由雕塑系主任张伟主持，副主任胡泉纯执行完成。2019年3月，为继承和发扬党在延安时期立德树人和创办新型高等教育的理念，共同提升人才培养的能力和水平，中国人民大学、北京外国语大学、中央美术学院等九所高校成立"延河联盟"红色育人基地。为传承红色基因，服务社会的新时代教学理念，中央美术学院受托创作主题雕塑。

作品《永无止境》现位于北外西校区中心广场。北京外国语大学被誉为"共和国外交官摇篮",为中国培养了一大批高素质外事人才。创作人员基于对北外精神和使命的解读:沟通、交流、连接,作品对这三个关键词进行了视觉化和空间化的表达。目前,该作品已成为北外校园内新增的标志性的艺术人文景观,体现了北外新时代的精神。作品屹立于大学校园中,也是对该校学生的陶冶和熏陶,是一种沉浸、体验式的美育,具有社会意义。

二、开展艺术普及教育活动

(一)青少年雕塑美育

艺术普及教育活动,是雕塑美育的重要组成部分,从 2018 年至今,青少年雕塑作品展览一直在大同市雕塑博物馆举办。展览由中央美术学院、中国美术家协会、大同市人民政府共同主办。

从青少年开始培养造型能力,开展全国范围的雕塑大展具有开创意义,大大激发了青少年的想象力。青少年是国家的未来,在中华民族伟大复兴的进程中,他们将成为未来美好蓝图的描绘者。展览还配套举办艺术公教活动,让青少年得到更早的美术启蒙。以往的少儿美术教育多偏重绘画,而雕塑这种艺术形式,可以帮助他们更直接地触摸、感受、理解和创造这个世界。青少年雕塑作品展览,旨在面向未来,促进青少年三维造型和审美能力的培养,点燃他们最美好的想象,激励他们最梦幻的创造。

以青少年为主体参加的绘画大展,已有较多年的历史,但是以雕塑为主题的青少年雕塑展,这种形式是一种创新。雕塑艺术,还有其他各个门类的艺术,它们共同的基础都是绘画,特别的是,雕塑是立体空间的艺术,能够培养空间思维能力,举办单独的雕塑展具有开创意义。以首届青少年雕塑大展为例,自征集发布公告以来,得到了广大青少年朋友的热情响应,收到来

自国内外 87 个城市 2987 位作者的 6869 件 / 组作品中，经过初评遴选出 424
位作者的 475 件 / 组作品入围参展。

参展的作品分为 U12– 少儿组、U15– 初中组和 U18– 高中组三龄组。包
括传统的架上雕塑以及各种空间、环境、材料作品，装置性作品、数码 3D
造型作品等。作品纯真天然、趣味盎然，富于想象力，体现出青年的创造
力。评委在优秀作品中评选出最佳制作奖、最佳造型奖、最佳创意奖 27 件。

大同被誉为"雕塑之都"，这里有气势雄浑的云冈石窟等众多记录中华
文明进程的雕塑艺术瑰宝。通过不同时期的雕塑艺术，我们能够看到大同这
座古城的历史变迁和文化底蕴。大同市雕塑博物馆有非常优越的展陈条件，
多次举办"曾竹韶雕塑艺术奖学金"入围作品展览、雕塑双年展等高水平的
学术展览，此次青少年雕塑大展又为青少年朋友们提供了一个展示创造力的
平台，激发创造热情，发掘艺术才华。

展厅现场错落有致地陈列着每个小作者的作品，造型丰富多样、色彩缤
纷绚丽，奇思妙想在这里碰撞。这里有童话故事、山川海洋、家庭故事、动
物世界，每一个小朋友的作品都创意十足，让人不得不赞叹孩子们内心世界
的奇妙。一幅幅小作者潜心创作的雕塑作品纯朴天真、趣味盎然，吸引了众
多参展作者、全国各地雕塑爱好者到场参观。

绘画是平面的艺术，而雕塑则是三维立体的艺术，强调对空间的感知，
由此培养青少年的空间思维，不仅可以帮助青少年进行艺术创作，对其今后
各学科课程的学习也是一种帮助。动手做雕塑的过程，是感知空间、形成空
间形体认知的过程。通过青少年雕塑大展，能够培养青少年对艺术的感性认
知，提高视觉思维水平，激发青少年的想象力。青少年的雕塑创作，并不要
求技巧上的娴熟，重要的是引导青少年感受生活，发现美，训练发现美的视
觉能力，这种能力会伴随其一生的成长。

展览还举办研学活动，让广大青少年参到对美的体验、认知和讨论中。
2022 年 8 月，"雕塑之城 对话未来"研学活动在云冈石窟前举办，在历史遗
迹现场与著名雕塑家、理论家面对面地交流，这对于青少年的艺术思维是一

次难能可贵的开拓。小艺术家们实地考察参观云冈石窟，学习古代雕塑艺术，拓宽了艺术视野，习得了历史知识，更为重要的是，在文化自信彰显的今天，研学活动唤醒了青少年对中华传统文化的认知，美的种子在青少年的心中生根发芽，茁壮成长。

青少年雕塑作品展览，体现出教育工作者和艺术工作者对于下一代美育事业的责任和担当，他们用爱与鼓励引导青少年接近美、感受美、欣赏美、发现美、创造美，倡导青少年用纯真的方式，去表达对世界的思考与认知。

（二）青少年美术启蒙

类似的活动，不胜枚举。2015 年 3 月 5 日，是中国青年志愿服务日，也是中国传统的元宵佳节。和平、友爱、互助，是志愿者精神的精髓。中央美院雕塑系组织学生赴花家地实验小学进行交流，上了一堂别开生面的美术课。

经过了解，花家地实验小学的卫生间、垃圾池、开水房内需要设计一些美术标志，希望由小朋友们亲手画出来。标志的设计要求简洁、醒目、大方、美观。普通的标语符号不容易为小学生所接受，而集趣味性、教育性于一体的标识可以潜移默化地影响他们。

美术课上，小朋友们充分发挥主动性，大胆发挥想象力，并没有局限于已经设计好的美术标志。在一番热烈的讨论之后，他们明确了自己的兴趣点，在哥哥姐姐的指导下，创作出精美的作品，体现出原创的设计理念。美院学生手把手教小学生画画，并告诉他们遵守这些标志的重要性。在无私奉献的同时，把温暖带给社会：提高了小学生们保护环境、节约用水、注意安全的意识，也在这些小朋友心中播下艺术和美的种子。

此外，雕塑系学子还赴北京的打工子弟小学，开展交流活动，除了对他们进行美术启蒙和教育，还和他们一起玩游戏，辅导他们完成作业，成为孩子们的知心人。

三、与文化机构的共建

面向社会的雕塑美育，获得更多的展示平台，在为社会服务的同时，也让专业知识与时代紧密结合。

（一）"平安北京"动漫宣传形象设计

2015年5月，雕塑系与北京市公安局新闻中心合作，为进一步推动"做自己的首席安全官"品牌活动，提升安防宣讲能力和水平，编写一套符合首都治安特点、实用可用、简单易学的社会公众安全防范教材教案，并邀请相关领域的专家学者、社会组织共同修改完善，使之更契合受众心理，更贴切群众需求，在深入推动警察公共关系建设的同时，进一步塑造、传播首都警方良好的社会形象。"平安北京"动漫宣传形象设计，体现了艺术院校与文化机构的合作共赢。

近年来，伴随着群众自我安全与法律意识的不断增强，如何应对不法侵害、如何防护自身安全，成为当下社会公众迫切关心的公共安全领域问题。由北京市公安局新闻办牵头，组织开展"做自己的首席安全官"社会公众安全防范系列品牌活动，通过向广大群众尤其是青少年群体传授反恐防暴、逃生自救等常识和技能，培养公众的安全意识，提升公众自我保护能力。雕塑系学生利用这一契机，不仅学习了安全知识，还锻炼了实践能力，为社会作出贡献。

一方面雕塑系学生赴北京市公安局考察学习，另一方面市局相关负责人来雕塑系会议室共同切磋、碰方案，开展调研工作，为"平安北京"系列教材设计动漫宣传形象。此教材分为多个板块：报警知识、反恐防暴知识与技能、防范扒窃知识、防诈骗知识、交通安全知识、禁毒知识、旅行安全、社区安全防范、食品药品安全、外来务工安全、网络安全知识、消防常识等。经过数次协商，由一位同学设计人物形象，比如小偷、警察、坏人、受害者等，再由其他成员分别绘制插图，整理成册。

经过一个多月的精心设计，几轮讨论和碰撞，终于形成统一的方案。双方先后开了四次会议：通过初步交流，达成合作意向，组织雕塑系学生赴北京市公安局，通过调研和交流，了解对方需求。之后，北京市公安局新闻办工作人员来雕塑系会议室交流，熟悉手册的文字稿，并就需要配插图的部分进行详细说明。通过小组讨论的形式，双方各有专人负责某一个板块，就具体板块的要求进行说明，并用形象的方法予以表现。在统稿阶段，针对收集上来的各份稿件，由统稿小组专门负责协调整体风格，为手册的最终汇编工作提供参考意见。

同学们脑洞大开，通过发挥专业所长，用手绘漫画的形式，将枯燥的安全知识形象化，设计出的动漫形象非常生动可感，展现了同学们的想象力。在设计动漫形象的同时，同学们也学习了安全知识，提升了安全意识，潜移默化地接受了一次安全教育。通过与社会的交流，同学们学会了与人沟通的本领，更好地适应社会，体验到用所学专业知识服务社会的成就感。不断修改完善的过程也是一个磨练耐心和意志的过程。同学们在这个过程中，体会到完成一个目标的曲折性，更全面地锻炼了自己。同时从这个项目中，同学们的不足也有所呈现：同学们的写实基础很好，但设计能力还需要提升，在运用多媒体手段方面也需要完善。

通过合作，共建单位达到了双赢，虽然设计出来的漫画不是电子版，而是传统的手绘漫画，但不乏清新自然的气息，取得了很好的宣传效果。

雕塑系学生设计动漫形象

（二）不同艺术门类的交流共建

与之类似的与文化机构的共建，还有很多。中央美术学院雕塑系的教学，是面向社会的开放式办学。2017 年 6 月，中国音乐学院声歌系师生来央美交流学习，雕塑系师生用最饱满的热情接待了来自中国音乐学院的朋友们。经过简单的自我介绍之后，在雕塑系师生的带领下中国音乐学院的师生参观了央美美术馆的毕业季作品。中国音乐学院的师生们从美术馆三楼雕塑作品开始参观，先后观看了雕塑系、实验艺术学院、壁画系、油画系、版画系等院系的作品。雕塑系同学采取一对一的方式进行导览，对每一件雕塑作品进行讲解，在观看的过程中，同学们慢慢互相了解，气氛逐渐融洽起来。雕塑系同学认真回答了中国音乐学院同学的每一个问题，满足了他们对央美的好奇心，耐心地讲解了每个作品的含义，使他们对造型艺术有更全面的了解。

多元的艺术形式和丰富的表现手法给中国音乐学院学生留下了非常深刻的印象，他们受到了很大的启发。作为回礼，中国音乐学院同学演唱了各自的拿手曲目，例如《燕子》《大红公鸡毛腿腿》等。现场掌声不断，气氛十分活跃。大家面对面坐在一起，交流学习，中国音乐学院派出学生代表上台介绍了中国音乐学院独具特色的课程安排，分享了他们每日的学习生活状态，而央美也选出学生代表讲解课程安排，介绍了雕塑系每个工作室的研究方向。

作为不同艺术类型的兄弟院校，双方学生对彼此学习生活有了进一步的了解。中国音乐学院师生们对观看央美毕业作品后的感想进行分享，央美师生也表达了聆听中国音乐学院同学表演后的喜悦。在不断的交流沟通过程中，双方逐渐消融了隔阂，畅所欲言，双方从专业的学术问题，到学习生活中有意思的小事展开畅谈，交谈甚欢。最后，全体同学合唱一曲《同一首歌》结束了这次交流学习活动。

音乐和美术，这两种艺术形式，是美育的两个重要载体，在同一时空实现了交流，对同学们的形象思维、空间思维、感性思维都是一种训练，两所艺术高等学府的学生，进行了沟通和互动，对双方的艺术创作都有启发，也使两种艺术形式有所交融。

第二节　社会实践反哺人才培养

面向社会的雕塑美育实践活动，可以促进人才的综合培养。扎实的教学和科研水平是做好社会服务的基石，社会服务则呈现出教学、科研职能的实力与水平。社会服务可以对教学、科研进行反哺，促进教学与科研的发展，适度的社会服务是高等艺术院校面向社会的过程中要把握的重要内容。美育实践反哺人才培养，这种反哺，体现在诸多方面。

一、创作题材的丰富

2014 年 10 月，习近平总书记在文艺工作座谈会上的讲话指出，文艺的一切创新，归根到底都直接或间接来源于人民。艺术可以放飞想象的翅膀，但一定要脚踩坚实的大地。文艺创作方法有一百条、一千条，但最根本、最关键、最牢靠的办法是扎根人民、扎根生活。艺术深入到实践之中，为创作提供源源不断的灵感和题材。通过深入挖掘，创作的题材之深度、广度都得到提升。艺术深入到生活中去，到历史现场中去，找到创作的鲜活素材。

"接力展第二回：再长征"活动是中央美术学院全学科的一次综合创作活动，雕塑系师生为老红军塑像活动也是该活动的组成部分。2016 年 5 月，雕塑系教授王少军、吕品昌、王伟、陈科、牟柏岩，带领学生赴江西赣州，为老红军塑像。它不同于以往的主题性创作，而是以一种新的方式实现中央美术学院艺术创作的"再长征"，进入"历史的现场"，是中央美院传统在学术层面上的"接力",也是集体创作方式的尝试。雕塑系师生从各自的生命体验出发,碰撞出新的艺术火花。

"雪皑皑,夜茫茫,高原寒,炊断粮。红军都是钢铁汉,千锤百炼不怕难。"此次雕塑创作以红军塑像为主线,展现红军长征的这段悲壮、伟大、改变中国革命命运的壮举。前期创作主要完成头像速塑,共计18件。这次完成的作品只是系列创作的开始,后期雕塑系师生继续发挥想象力,结合历史背景,从内容、角度、形式上创新,与时代紧密结合,完成对长征这段历史的艺术化诠释。

赣州是江西南部重镇,是著名的革命老区有良好的群众基础。瑞金、于都两县都在赣州辖区内。瑞金,被称为共和国摇篮。雕塑系师生参观了中共一苏大、二苏大的旧址,以及中国工农红军总政治部等地。当地还有红军村(华屋),据称,这里的民众每五人中就有一人参军。每个人出征前都要在山上种植一颗香樟树,称为"信念树",这种信念是对革命必胜的坚定,是对美好生活的向往,是对祖国富强的追求。于都渡口,是长征主力部队出发的起点,也是一个历史性的转折。站在渡口旁,仍能透过氤氲的雾气感受到当年战士们夜渡浮桥的艰辛。

为展现红军长征壮举,雕塑系组成写实方向工作室师生团队,集体来到了历史现场,为两位百岁老人王承登、吴清昌塑像。两位红军是中国现代历史的见证者,经历第一战场的血雨腥风。老人回忆当年过草地的艰辛,还撰写了回忆录,是了解长征历史的重要资料。两位百岁老人历经国内革命战争、抗日战争、解放战争,见证了百年历史变迁,他们讲述着历史,创作团队为现场的气氛所感染,思绪被带回长征路上,与平时的课堂写生相比,更增添了历史意蕴。在短暂时间内塑造出百岁老人的精神气质,对师生是一种考验,也是一种历练。

在塑像活动之后,创作团队参观一苏大旧址,一阵突来的暴雨,让现场的师生静下心来,仿佛进入当时的历史情景。在讲解员关于"中华苏维埃共和国第一次全国工农兵代表大会"的描述中,眼前的一切历史场景,仿佛活了过来，依稀看到当年领袖们热烈交流，畅谈未来的情景，这样的体验对于创作者来说是难能可贵的，也是最打动人心的，为师生团队后来的创作提供了灵感和现实体验。

其间还举办了座谈会，对"再""接力"三字进行深入的探讨，师生也都有深切的感悟：为什么要用艺术表达这个命题？如何去看这段历史？这里是长征的起点，要把这种"十送红军"的离别之情表现出来。来之前，长征是比较宏大的概念，亲临这片土地才意识到它是由一个个小的片段组成的画面，每个人都是一个小故事，一个个小故事构成宏大的历史叙事。

在参观瑞金故址、为老红军现场塑像的基础上，雕塑系创作团队进一步深化创作，对其中的素材进行挖掘，创作出一系列的主题雕塑作品。2016年12月23日，由中央美术学院主办的"纪念中国工农红军长征胜利80周年·中央美术学院接力系列展：艺术再长征"，在中国美术馆拉开序幕。此次展览以"艺术再长征"为主题，通过多学科并举、集体创作的方式反映了中央美术学院在重大主题创作上的时代新象。展览作品涵盖中国画、油画、雕塑、版画等多种艺术形式，以"坚定理想""正确方向""艰苦奋斗""团结一致"作为四大结构板块，实现了长征精神在当代文化语境的转换诠释。其中的雕塑作品，用当代艺术的表达方式重现伟大的长征历史，展现在观众面前，重温历史具有伟大的历史意义，可以启发高校艺术教育探索新形式。

代表作品《开始的地方》，创作的背景是雕塑系师生一行重返长征开始的地方——瑞金，在调研和考察之后，结合当地的地域文化，团队选取一张老照片为素材开展创作，展现出广大青少年投身革命事业的热情。此次活动不仅是对造型水平的锤炼，还是对思想境界的升华。青年艺术家近距离触摸历史，在创作过程中感受到历史人物大无畏的革命精神，在团队协作中，不断产生创作灵感的火花，塑造出经典的雕塑作品。

代表作品《活着》，是对一位百岁老红军的肖像刻画，这件作品是一件互动作品，观众可以手持一块泥，参与雕塑的过程。红军头像是一个象征，加泥的过程，是对先辈精神的致敬，也是新时代的"再长征"。"再长征"，并不只是复制这段历史，更是当代语境下对长征的再解读。既有理论的高度，又有丰富的细节。把握艺术的核心，挖掘历史的片段，才能动人。在这个意义上，创作本身也是一种"长征"。

参与雕塑创作的学生代表认为年轻一代要铭记历史，用艺术语言对历史进行塑造，做历史的传承者。

小时候第一次临摹的连环画就是《地球的红飘带》。当时临摹的时候就非常有兴趣。因为特别好奇真正的长征是什么样的。这次有幸参加了"再长征"之旅，一路上时时刻刻都在享受惊喜和感动。发现有很多事情和小时候猜想的不一样。这次旅途留下了印象很深的两件事。一次是师生集体为老红军做塑像，当我们见到参加过长征的老红军后，在做塑像的时候心里不由地感到紧张，希望能把历史和时间在老前辈们身上留下的痕迹都表现出来。尤其在边做雕塑边听老先生讲以前的经历时，心里更是深受震撼。还有一次我们去瑞金叶坪"苏一大"会址考察时，刚走进会议室，外面就下起暴雨，天空闪电雷鸣。因为雨下得太大，屋里断电了。黑乎乎的房子里不断有大雨夹杂着风从屋顶天井中灌下来。大雨过了挺长时间才慢慢停下来。但我仍然觉得时间过得好快。就在刚刚，大家聚在一起，聊着猜想着长征时发生的事情。我瞬间感觉好像回到了那个年代，与曾经参加过长征的前辈们很近。以前的故事不再是听说，仿佛能亲眼见到，感受到。历史也变得亲切起来，各种感触油然而生。

——田野冬雪

初见两位老红军时，他们在子女和护士的搀扶下，缓缓走进小会厅，当时给我的感觉是他们与寻常老人并无两样，只是年岁已大，步履蹒跚，历经世事的沧桑。在我看来他们只是有血肉之躯的普通人，我很疑惑的是他们难道不曾害怕胆怯吗？战争的恐怖对于我这代人来说虽然不能感同身受，但也略有耳闻，这样的普通人是怎么坚持下来的？他们没有三头六臂，甚至并不强壮。随着老人讲述他们的抗战经历，其情绪也是越来越激动，声音越来越响亮，口中不断重复着"人民"和"党"……他们的眼睛渐渐有神了！这时我被震撼到了，他们不仅是人，更是意志坚定的红军战士，国家和人民始终是他们关注的焦点。这就是揉入血液中的无私和信念，他们是有坚定信仰的！以前感觉"红军""长征"距离我们很远，但这次再长征之行，使我们靠近红军，更深刻地体会长征的意义，并以此为起点开始自己人生的"再长征"！

——黄翠

这次来到江西这片土地，关于"长征"宏观的认识变成了一段段的细节，我看到了人性、亲情和坚决的意志。在赣州，我们为王承登和吴清昌两位先生塑像，这是我头一次这么近距离地面对红军老战士。两位老人虽然都已近百岁，但是精神矍铄。见到我们，不断地向我们讲述着战时往事，时而激动，也不免感伤……他们对于过往的一切深有感触，眼神中透出的坚强和勇敢也没有半分改变，令人感动。因为时间有限，所以只能是速塑，红色的泥巴细腻柔软，大的形很快就出来了，可是我觉得这并不能完全表达出他们的精神和灵魂。我想更多地了解他们以及那段历史。

——王明泽

作为"80后""90后"这代人，我生活的年代，与长征这一事件发生的年代已经有些距离。这次能真的对着两位在世老红军为他们塑像，听这两位世纪老人讲述当年的故事，心里的激动要甚于见到当红偶像。这样的塑像显然与课堂写生大有不同，面对活着的历史，跟着老师们学习，每贴一块泥，每下一次刀，都将心内的感动传递到手中的塑像。由感动撑起的形体，是有温度的。

塑像之后的几天，参观了红军在长征初始时留下的那些印迹。这一路走下来，看到的跟想象的也大有不同。当年的政府办公场所大都用的是低矮民宅，里面不过是些简单的木条桌椅。没有漂亮的内饰，反而看到了先辈们对国家的那份理想。这一次行程，是非常珍贵的学习经历。

——李博雍

来到赣州、瑞金、于都等革命老区，我看到了老一代红军生活和战斗过的地方，以及他们用过的武器和物品，我想到无数个黑暗的夜晚，老红军为了我们的国家，翻山渡河，过草地踏雪山，同来自敌人的围剿、恶劣的环境以及匮乏的物资等各方面困难作出的英勇斗争。我看到了百岁老红军，听到他们还能激情洋溢地讲述长征中的艰险故事，和对我们年轻人的忠告，我真的倍受感动。当年正是因为有无数像他们这样怀着信念，为共和国胜利牺牲奉献的年轻人，才有了我们今天美好的生活。在这几天的参观学习过程中，我看到的是那个时代革命老区军民一心，为了国家无怨无悔地奉献，为了我们现在的美好生活作出的伟大牺牲。正是这种伟大的精神，才是我们创作的源泉，才是我们再长征真正的意义。

——王乐庆

来到红色故都瑞金，我更想说的是老红军战士、群众的生活和纪念馆内的物件所带给我的感触。我们看到了两位年过百岁的老红军，老人年龄虽高，但还健朗。听他们讲述长征开始时的事儿，点点滴滴的小事儿都记忆清晰。听着老人段段传奇经历，我的眼眶是发热的，他们讲述时的亲切和耐心让我想念没有见过的爷爷。因为我觉得爷爷就是这个样子，亲切、有耐心但很有威信。在红军村，我走近了当地有着围屋结构的老房子，外面挂着阴干的辣椒，一辫辫的大蒜，不由让我想起了小时候家里的样子。我扶着门框迈过门槛儿进入了窄而深的小院，远看见院子的另一端，那不就是我儿时里院的老奶奶吗！有些不可思议，我感觉眼眶酸烫，便回头走出了小院儿。无意中听到一位老大爷的土言土语，虽然没太听懂，但我似乎又听明白了。他们并不如雕像中那么伟岸，生活也极其普通，他们很简单，简单得就像是我的亲人。

紧接着，在纪念馆里看到红军用的自家兵工厂造的土枪、子弹、手榴弹。看到这些东西，让我的信念更加坚定，更相信我们的意志，我们的队伍。就是这样一支队伍，就是这样一队群众，却创造了令无数人难以相信的奇迹。在这一块红色的土地上，我们一路走来，看到的是整体布置周密，细节庞大。红军给了群众主心骨，用现在的词讲，"红军对群众做事儿是认真的"。

——邹达闻

也许没有来到这里之前，我的人生便永远无法感受到红军的壮烈与苦涩，苦得是那么凄凉，壮得是如此决然。我知道如果不能身临现场是很难体会长征的性质与情感的。在出发来到赣南之前，我便隐隐地感受到，我是来寻找红军长征中的真实感情的。

赣南的气候极具特色，湿热化作一只无情的大手捂住人的口鼻，这七天就在这样呼不出喘不进的情况下度过，仅仅身处于此，便就已是咬紧牙关了。暴虐的蚊虫，时不时袭来的倾盆大雨，我似乎瞬间就触摸到红军的坚忍了。这里真不及其他地方来得舒适，那么自然少了不能忍受这份不适的敌人，苏维埃政权就这样倔强地在此处建立了。

从历史的发展趋势来看，红军长征有其必然性，正因为不得不踏上如此艰苦的路程，我觉得他们心里应该是苦涩的。就是这样一群人，一无所有却挺起傲骨。

也不知是不是老天特意的安排，昏暗的会场飞扬着狂乱的水雾，当水雾反射着天光飞跃你的头顶时，你便好似穿行在幻觉之中，连珠的雨汇成激流从天井落下，拍打在陶缸上，拍打在青砖上，敲出的声音宛如时间的倒流，老天的一场雨产生了奇妙的代入感，我们便成了当时的红军，在其中瞻仰着当时的领袖。当他们起身穿破雨幕时，我不禁感叹：天啊，就是这么一群苦涩而又倔强的可爱人儿啊。

——林子豪

二、社会阅历、知识背景的积累

在美育实践中，与人沟通，可以习得很多沟通的社会技巧；学习历史知识，可以增加文化积淀，增加知识背景和社会阅历的积累。习近平总书记在中国文联十大、中国作协九大开幕式上的讲话指出，文艺创作的目的是引导人们找到思想的源泉、力量的源泉、快乐的源泉。清泉永远比淤泥更值得拥有，光明永远比黑暗更值得歌颂。广大文艺工作者要提高阅读生活的能力，善于在幽微处发现美善、在阴影中看取光明。

"美育的培育通常要经历三个阶段：第一个阶段是'发现'，帮助学生发现自身对美的向往；第二个阶段是'感受'，在这一欣赏和感受的过程中，学生的自信心与文化自豪感得以提升；第三个阶段是'分享'，美育使人产生一种美好的心灵感受，而学会分享美至关重要，在这一阶段，学生们在感受美的同时也学会去与他人分享美，用美的力量去温暖身边的每一个人，从而提升社会责任感。"❶通过举办系列美育实践活动，让学生层层深入，培养对艺术的感知，并将艺术精神传递下去。

（一）鼓励学生参加各类创作活动

中央美术学院雕塑系注重对学生的社会实践教育，让同学们去参加各类创作活动，丰富认知体验。2020年1月，"雪都杯"全国艺术院校大学生雪雕大赛经过四天的激烈角逐，在"中国雪都"观赏园落幕。中央美术学院作品《祝愿祖国繁荣昌盛——西气东输》、中国美术学院作品《雪原牧歌》、四川美术学院作品《团·结》斩获学术奖。

以"雪都情·冬奥梦"为主题的二十余座雪雕作品静静矗立在"中国雪都"观赏园内，与皑皑白雪呼应，绽放出耀眼的光芒。作品由中央美术学院、中国美术学院、清华大学美术学院、鲁迅美术学院等国内二十家美术艺术院校大学生历时四天时间制作完成，青年学子对大雪块进行改造，雕刻成风格迥异的造型，作品创意十足，体现了创作与当地环境的契合。

---

❶ 任宁：《高校美育教育在人才培养中的融合与提升》，《艺术教育》2020年第12期。

雕塑系学生创作雪雕作品

大赛得到了国内各大艺术高校的高度重视，参赛雪雕作品《祝愿祖国繁荣昌盛——西气东输》由中央美术学院组成的参赛团队完成。作品赞颂了西气东输工程，该工程将新疆天然气资源向东输出，加强能源优化配置，促进沿线 10 省区市产业结构和能源结构调整、经济效益提高。作品立意高远，关注时代，展现出当代大学生的精神风貌和对社会热点的深度关注。

创作的过程，也是将造型理论不断输出，运用于实践的过程，集中创作营的形式，可以与创作团队合作，积累社会实践经验和创作素材。主创人员邹达闻说，虽然我们的团队和指导老师每天在零下十几度的气温里开展低温作业，但在创作过程中内心十分火热，创作的时候不觉得冷，能够将满意的作品呈现给游客和阿勒泰市市民是内心的动力源泉。

（二）开拓国际学术视野

为积累丰富的创作经验，加强国际学术交流与对话，2012 年暑期，雕塑系吕品昌教授、安然老师受邀带领学生，赴美国参加了为期一个月的蒙大拿州立大学国际陶瓷创作营，来自中国、美国、韩国的师生共 32 人一同参与学习。在创作营中，同学们开阔了学术视野，通过学习传统，感悟生活体验，创造艺术作品。

创作营，作为一种时间集中、地点集中的主题创作活动，这种模式可以让学生得到深入的交流。期间组织了多次参观、出游，例如参观 Archie Bray 陶瓷艺术中心、当代艺术博物馆、多个知名画廊和艺术大师工作室。在活动结束前举办的创作营成果展，是对创作经历的总结。创作营每日的安排丰富紧凑，每天除了在工作室积极的交流、创作外，还精心安排了一些有特色的课程与讲座，邀请了一些陶艺家为大家讲课，学生受益匪浅。

在一个月的学习交流中，雕塑系学生认真了解美国陶瓷历史和文化，学习新颖的制瓷工艺，在创作技巧上精进。最初面对材料时，需要不断地摸索和试验，同学们不畏艰难，善于思考和总结。来自不同国家的青年学生，创作的作品呈现多元的面貌，展现了青年学子的创造力增进了国际艺术院校的沟通。

为了进一步开拓学生的学术视野，促进校际合作交流，中央美术学院与雅典美术学院，建立合作关系，通过两校学生的互换，促进学术的交流融通。雅典美术学院，成立于 1837 年。作为历史悠久的美术学校，它继承了古希腊艺术的优良传统，其教学课程设置、教具的使用等方面对我们都有可借鉴之处。

希腊是人类文明的发源地、神话的王国，也是雕塑艺术的集大成者。2015 年初，雕塑系组织全系教师赴希腊考察，这次考察内容丰富，开阔了教师的视野，有利于教学活动的开展。期间访问了雅典美术学院的雕塑、版画、油画工作室，并与师生亲切交流。希腊也是雕塑的故乡，在整个西方美术传统中，古希腊雕塑占有十分重要的地位。希腊艺术是理想主义的、简朴的、强调共性的、典雅精致的，用外在的形式表现内在的力量，这一切相互结合展现出和谐的魅力。

雅典卫城、希腊国立考古博物馆现场

从 2015 年起，中央美院雕塑系与希腊雅典美术学院开展学术交流，每年派学生到希腊学习，学生不仅可以学到国外最新的雕塑技艺和观念，还可以参观当地的博物馆、文化古迹，直面经典带来的震撼。外出交换的学生受到雅典美院教授的点拨，举办了个人创作成果展览，展览与当地场域相契合，既有课堂完成的绘画作品，也有课下与雅典同学的互动写生，还有随工作室考察意大利佛罗伦萨的沿途小品。由于中西方审美、文化及基础美术教育方式的差异，作品呈现不同的面貌，展览也给予雅典美院工作室教学以启发，充分体现了文化交流的重要性。

考察学习的同学参观了众多古迹和博物馆，熟悉的雕塑作品呈现在眼前：

（1）希腊国立考古博物馆：博物馆收藏文物近 2 万件，可谓集古希腊文物之大全，漫步其中，令人倍受古希腊文明的熏陶和洗礼。大多数文物反映了希腊神话中的内容，前厅的中路是迈锡尼文物陈列区，其中的金制面具、器皿和装饰品最为著名；两侧为雕塑陈列区，再往北就是青铜器陈列区。二层建筑后厅为陶器和陶瓶的陈列区，陶器的造型和瓶上的图案显示出希腊艺术优美精细的特点。

（2）雅典卫城及博物馆：卫城集古希腊建筑与雕刻艺术之大成，包括胜利女神雅典娜神庙、帕特侬神庙、伊瑞克提翁神庙、酒神狄奥尼索斯露天剧场。整个卫城最吸引人的正是这一份历经苦难战乱洗礼却留存下来的最平静的精神。新卫城博物馆坐落于希腊雅典卫城山下，是一座现代与古典相结合的建筑，使参观者仿佛置身于时空走廊，在古老与现代间徘徊。

（3）迈锡尼古迹和博物馆：迈锡尼文明产生于希腊青铜时代晚期，这里也是著名的"阿伽门农墓"所在地，其中出土了大量的珍宝。博物馆还展示了一些土培的精致小雕塑，很多雕塑表现男性或女性人形，也有动物造型。它们有不同的姿势，或是双手向天空展开，或是合抱于腹部，或是坐着，具有宗教意味。

（4）奥林匹亚古迹和博物馆：奥林匹亚是古代奥林匹克运动会的遗址，其中有宙斯神庙、赫拉神庙、古代竞技场、圣火坛，一块块巨大的古老石柱如同卫士一般排列成两队，像是在沉默中细数着历史。奥林匹亚博物馆藏品颇丰，从破碎的残片仍可窥见浮雕的精美之处，镇馆之宝赫尔墨斯像矗立其中，作品显示出在柔软的皮肤下，肌肉和骨骼的隆起与活动。

（5）德尔菲古迹和博物馆：希腊神话中，天神宙斯为了确定大地的中心，从东西两端放飞两只神鹰，神鹰相向翱翔，最后在德尔菲相会，宙斯断定德尔菲是大地的中心，也是神谕之地。博物馆中珍藏了很多雕塑精品，这些作品是后人不断学习的榜样。当时的艺术家不是力图仿制一张真实的面孔，而是根据人体形状的知识去造型。一些浮雕作品已经摆脱了十分别扭的束缚，可是仍然保持着布局的清楚和美妙，摆脱了几何形式，去掉了棱角，变得自由自在。

（6）拜占庭和基督教博物馆、基克拉底博物馆：前者陈列着公元4—6世纪早期基督教特征的雕塑及绘画作品，拜占庭帝国以古罗马的贵族生活方式和文化为基础，由于贸易往来，它融合了东方阿拉伯、伊斯兰的文化色彩，形成独特的拜占庭艺术。后者以对基克拉底文化的研究和促进为主，它汇集了各个时间段的不同类型的工艺品。

参观这些文化古迹，对于雕塑学子来说，紧密结合专业，是非常宝贵的学习机会，可以近距离观察到这些教科书中的雕塑作品，拓宽学术视野，增进对古典雕塑的了解，明晰雕塑的内在脉络。

（三）专业背景知识的积累

此外，雕塑系还组织学生到相关文化机构参观学习，2013 年 4 月，组织学生到故宫参观，对故宫正在修复藏品进行考察与研究。由已毕业校友带领学生参观工作区，为学生讲解着故宫宫殿的名称，参观故宫石雕之冠——云龙大石雕，长 16.57 米，宽 3.07 米，厚 1.7 米，上面细致地刻画着九条龙戏珠于海涛云霭间。通过参观，同学们看到了很多难得一见的珍贵藏品，先后参观了其家具、钟表、挂件、瓷器等修复部门。白玉紫檀如意雕工的精美让人赞不绝口；西洋钟表上面的浮雕装饰人物、鸟兽、花卉等精美的做工让人惊叹；古陶骆驼的造型等让学生大开了眼界，丰富了对造型艺术的认知。

在考察中，学生不但看到了精美的藏品，还了解了故宫博物院科技部工作人员的工作环境与修复技法，他们不仅继承传统工艺技术，还引进现代科学技术成果，对破损和残缺的文物进行修复，并不断研究、创造新的技术方法，拓展了保护、修复文物的有效措施和技术手段，最终形成了一支具有丰富实践经验的文物修复的专业团队。有序的工作环境与工作人员谨慎的态度，令学生深受触动，坚定了学生继承传统文化、不断开拓创新的信念，青年学子将继续深入学习扎实的专业知识，为艺术的传承贡献自己的力量。

第三节　雕塑美育实践的提升策略

雕塑美育实践，需要在不断的深化和补充中，继往开来，形成更丰富多元的体系。如何提升实践的广度和深度？经过长期的实践和经验总结，美育实践还有进一步提升的空间。艺术深入生活，为创作提供源源不断的灵感与素材，艺术院校参与社会公共文化服务，建立与社会的合作模式，都为美育实践提供了更深层次、更大范围的平台。

一、深入生活开展社会实践

生活是艺术创作的源头，艺术家应进入广泛的基层，由此产生的艺术创作接地气，契合时代的语境。2019 年 3 月，习近平总书记看望参加政协会议的文艺界社科界委员时强调，一切有价值、有意义的文艺创作和学术研究，都应该反映现实、观照现实，都应该有利于解决现实问题、回答现实课题。希望大家立足中国现实，植根中国大地，把当代中国发展进步和当代中国人精彩生活表现好展示好，把中国精神、中国价值、中国力量阐释好。文艺创作要以扎根本土、深植时代为基础，提高作品的精神高度、文化内涵、艺术价值。

（一）乡村场域的写生实践

在艺术院校，每年的下乡写生，是艺术实践深入生活的集中体现。在为期一个月的下乡写生过程中，同学们深入基层，深入博物馆，深入乡村。有的精心设计了文物考察路线，马不停蹄地学习观察；有的在一个驻地稳扎稳打，开展深入调研。下乡写生的过程，是将课堂所学的理论知识运用于实践的最佳契机，同学们携带速写本，对所到之处的文物、风土人情进行细微刻画，回到学校之后，整理下乡过程中的所思所想，整理成创作成果和学术研究成果。

雕塑系第五工作室《艺术考察与实地创作》课程是这种艺术实践的典型，工作室的研究方向是公共艺术，以往主要是在城市公共空间进行艺术创作，而这门课程主要是针对乡村场域进行公共艺术创作，探索和思考当下乡村所面临的问题，以及怎样用艺术创作的方式来回应这些问题。在乡村进行公共艺术创作时的语境比较特殊，与艺术机构、城市空间的创作类型不尽相同，在乡村这一特定的场域创作，需要结合当地语境进行深入思索。

当下，艺术介入乡村的雕塑，有其特定的文化内蕴，"乡土景观雕塑植根乡土文化土壤，保留乡土艺术底色，融入现代设计思维和新时代设计理念，传承乡土人文精神，并充分考虑乡村自然生态和文化生态的协调关系，重视乡土文化传承，实现人与环境、人与公共艺术、人与文化的良性互动发展，为推动美丽乡村建设和助力乡村振兴贡献力量"。❶

　　艺术深入生活，是在深入了解当地语境之后，结合当地的特色，建立与当地有效沟通的体系。乡村有得天独厚的自然环境，村民有其固有的生活、生产模式。青年学子在乡村驻扎，带着问题创作，使得艺术创作具有针对性、符合当地特质。创作过程中，与当地居民展开互动，对当地文化语境深入研究。

（二）教学实践活动的社会课堂

　　社会生活是青年学生的大课堂，"社会美是美学教育中的重要组成部分，其本质是以人为核心，深刻认识人的本质问题。社会美学教育是通过一些社会事件的挖掘，使大学生感受到人际关系美、社会环境美，体验社会生活的丰富多彩与千姿百态。这种社会美学课程对大学生来讲具有重要意义，大学生作为即将步入社会的群体，在接受了社会美学教育后，会使他们深刻认识到社会的复杂多样"。❷ 在丰富多彩的社会实践中，大学生获得丰富的体验，也促进其世界观、人生观、价值观的形成和完善。

　　剑川，位于彩云之南，具有悠久的木雕工艺、石窟艺术、茶马古道文化及丰富的自然资源，可以为教学实践提供理想的大课堂。学校组织研究生支教团赴剑川支教，由不同专业的学生组成，他们怀揣着理想，给剑川渴望知识的孩子们带来新的曙光。中央美术学院研究生支教团深刻践行"尽精微、致广大"的校训，与孩子们共同成长。

　　2021 年支教团团长是雕塑系学生王钦正，他说："在这半年多的时间

---

❶ 孙立丰：《乡土景观雕塑的时代特色与文化传承》,《中国社会科学报》2022 年 3 月 23 日第009 版。
❷ 罗维婷：《高校美育工作提升路径研究》,《大学》2021 年第 21 期。

里，我们教授给孩子们知识，他们也在教我们如何成为一名光荣的人民教师。"课程的开展面临一些困难，剑川的孩子们文化基础比较薄弱，对绘画很感兴趣，但对文化课的积极性不太高。为了调动孩子们的积极性，他专门抽出一节课，讲述了自己的故事，"孩子们听完后很感动，也很受鼓舞"。从那节课开始，孩子们学文化的积极性提高，也更愿意同支教的老师们分享自己的生活和心态，美的种子在他们心中生根发芽。

同学们逐渐了解和融入剑川的生活，剑川的风土人情，为他们的创作提供了灵感。除了日常的教学工作外，研究生支教团还发挥专业技能，积极挖掘剑川本土特色。他们参与了很多主题活动，例如西部计划省项目办摄影摄像征集活动，制作"剑川县职业高级中学校园环境与支教生活"等宣传视频，配合剑川职业高级中学完成了木雕教学书籍排版工作，举办了工艺美术讲座，并为剑川布扎拍摄宣传视频、为沙溪古镇特色作坊"辣印坊"辣椒酱产品设计包装等。

中央美院也为剑川工艺技术人员举办培训课程，增进相互交流。2014年11月28日，第一期剑川县美术教学和工艺技术人员在中央美院雕塑系完成培训课程。在近半个月的培训中，由云南省剑川县遴选的20位优秀美术教学和工艺技术人员，参加了泥塑头像、泥塑人体、传统壁画以及中国美术史等方面的理论培训和现场教学。培训活动以中央美术学院的学科优势，推动剑川县工艺木雕艺术人才成长，为当地社会经济、文化发展注入活力。

（三）暑期社会实践的锤炼

暑期社会实践是大学生接触社会，反观自身，服务社会，运用所学知识实践自我的重要途径，可以为学生提供锻炼的平台。为学习红色文化，培养学生"坚定信念、强化本领、敢于吃苦、锤炼品格"的意识，2014年6月，雕塑系组织学生赴中国人民解放军总参谋部老干部活动中心参观学习交流。中国人民解放军总参谋部是负责组织全国武装力量建设、作战指挥的军事统率机关，这里肃穆的氛围也让同学们体会到共和国的庄严。

活动围绕"互动"而展开，"抖空竹"是老年人活动的一大主题项目，是一项有益身心的运动。"军水壶"是行军的伴侣，它牵动的是军旅时代的记忆。在这两项活动中，老干部和同学们展开了互助，他们互相学习，增进了彼此的交流。

听说有与孩子们交流的机会，很多老干部早早地就赶到了活动中心，他们觉得这是非常难得的体验。同学们也十分感动："行走在花间草间，不远处的老人精神抖擞的挥舞着手臂，我仿佛看到他们年轻气盛的样子，看到他们曾拥有的和我们一样的不谙世事的青春。"

空竹是我们民族文化传统中的优秀体现，其中包含了中华文化以柔克刚的诸多文化精髓。老干部们为同学们集体演绎了空竹艺术，手把手教同学生抛空竹，同学们在老干部的指导下，半小时之后，基本上学会了空竹的基本技巧。同学们受到老干部的鼓励，为他们的人格魅力折服："那么大的广场那么小的我们，那么沉着的他们那么青涩的我们。有一天我们也会像他们一样，遇事沉稳处事不惊，会有一天岁月流逝的痕迹也会浮现在我的脸上。"

同学们对空竹从不熟悉到熟悉："总是很容易紧张，对空竹这种运动器材没有兴趣也从未接触过。平日里看到，只会远远地瞥一眼，几乎从未上前。可在那一天，老人们欢快而愉悦的目光让我很放松，突然间生活中所有的不快，所有的压力都消失殆尽。恍惚间，我似乎感到，面前的是一个个十七八岁的男女，正肆意地享受着他们的风华正茂青春年华。"

之后，角色互换，同学们教老干部捏军水壶。拿出准备好的彩泥，同学们开始做起了示范，老干部们表现出了浓厚的兴趣："这让我们又回到了童年，捏泥巴、太有意思了！"他们捏的军水壶形态各异，富有童趣，还有人发挥想象力，捏了一些小动物的形体。

同学们细心地为老干部们答疑解惑，在每一个细节上予以指导，还一一点评老干部们的作品，评出了最佳作品奖、最佳创意奖、最佳制作奖，为每个参与的老干部颁发了礼品。雕塑艺术深入人们生活，让学院的雕塑艺术变得触手可及，形象可感。

二、参与社会公共文化服务

从艺术院校的角度来看，学校参与社会公共文化建设，可以把相对封闭的教学和社会联系在一起，进而使学校教育更有针对性，同时学校教育向社会开放教育资源。从社会的角度来看，艺术教育资源更好地参与社会文化建设，可以提升民众的审美水平和文化素质。

（一）雕塑作品融入城市文化

近年来，中央美院雕塑系组织师生参与到周边社区的美化工程中，师生团队为社区设计一些雕塑作品，摆放于公共空间中。通过这样的活动，可以多角度审视艺术与社会文化的关系，加强对生活美学的感知，引导学生从艺术角度观察人与社会的关联，培养学生的责任意识、服务意识、社会意识。

作为高新技术产业集合地的望京，熊猫母子雕塑是其重要地标之一。熊猫母子雕塑于 2012 年建设，历经九年风吹日晒，已满身斑驳。随着城市建设的发展，雕塑需要更新与升级。2021 年，望京街道启动了雕塑更新行动。在多方商讨之后，最终采纳了毕业于中央美院雕塑系的青年艺术家毕横的"以熊猫换熊猫"的设计方案，新方案在原有熊猫概念的基础上，融合新时代、新科技，保留了城市记忆，延续了城市文脉。

熊猫新雕塑在朝阳区广顺南大街京密路路口，具有科技感的外形。以科技熊猫置换传统熊猫，象征着望京进入时代新篇章。新版大熊猫雕塑长 7.3米，宽 7.8 米，高 10.5 米，不仅在白天看起来活泼灵动，在夜幕降临后，熊猫还会呈现灯光效果，科技感十足。科技熊猫遥望远处，与"望京"的内涵相契合，熊猫作为国家文化的象征，也寓意着传统与现代的交融。"以熊猫换熊猫"的雕塑理念，是对传统地标建筑的更新，也是公共艺术的融合与传承。

在当下的语境下，"高等艺术院校作为文化艺术传播与实践的集散地，积极拓展社会服务有利于师生的全面发展，有利于反哺人才培养、科学研究、文化传承与创新，有助于提升学校的综合实力。如何建立完善的社会服务运行体制与机制，协调社会服务与人才培养、科学研究、文化传承与创新功能的关系，守护好大学精神，并与政府、市场及社会保持良好张力，需要艺术院校在实践中进一步加强研究"。❶

艺术院校对社会的文化输出，也是一直在悄然演进之中。向社会开放并共享高等艺术院校的文化艺术资源，鼓励师生参与地方和社区的文化实践，可以建立服务社会的长效机制。中央美院雕塑系常年展出雕塑作品，几乎每周都有的"通道画廊"展览，展现最新的教学动态，每一个课程的汇报展都非常鲜活生动。展览常年向社会开放，人们可以进入展区，对展览进行全方位的观看和审视。中央美院美术馆则是更大的展示平台，展馆中常年有多个学术展览共同展出，是一所集合学术研究、展览陈列、典藏修复和公共教育等功能的专业性、国际化的现代美术馆。它秉承"兼容并蓄、继古开今"的学术理念，致力于当代公共文化空间的建设，以全新的视野向广大公众呈现人类的艺术文明，与社会各界分享时代文化。

（二）艺术表现时代精神

为展现首都劳动者风采，由北京市总工会与中央美术学院共同举办中国美·劳动美——2017基层劳动者风采写生活动，以"工匠精神""劳动情"为主题，以艺术的形式近距离描绘一线劳动者专注岗位、爱岗敬业的场景。六十余位美院师生走入一线劳动者中，用艺术创作诠释新时代的劳动精神。通过此项活动，广大师生真正有机会走进劳动现场，直面奋斗在劳动第一线勤勉努力的广大劳动者；美院师生用绘画、雕塑语言，展现新时代广大劳动者的风采，与广大群众心连心，创作出契合时代主题的优秀作品。

师生团队分赴金隅集团天坛家具股份有限公司、北京奔驰汽车有限公

---

❶　洪静：《高等艺术院校社会服务功能发展现状探析》，《艺术教育》2017年第10期。

司、北京同仁堂集团公司进行实地写生，以国画、油画、水彩、素描、雕塑等不同艺术表现形式，展现一线劳动者的风采。雕塑系师生参与到活动之中，现场为劳动者塑像，展现新时代劳动者的精神面貌，传递正能量。

在写生过程中，学生还学习到很多知识，了解到生产一线的流程，为现场的制作技艺而惊叹。例如同仁堂的制药工艺，一颗细小的药丸要经过严格的流程才能出厂；参观家具厂，可以看到现代化的机械制造流程与传统家具制作产生了鲜明的对比，这些参观经历丰富了学生的视野，为创作积累了素材，也让学生深刻体会到了"艺术为人民服务"的内涵。

三、扩充教学实践基地

高校和社会通力合作，搭建产学研合作的平台是双赢的模式。"艺术院校社会服务的可持续发展路径需要考虑到艺术教育的规律，充分结合教学需求及师生的艺术实践，与各部门及企事业单位建立长远的、战略性的研究与合作，形成良性互动，实现共赢。"❶《国家中长期教育改革和发展规划纲要》明确指出，高校要增强社会服务能力。要牢固树立主动为社会服务的意识，全方位开展服务。我国公共文化服务体系建设也鼓励高等院校开展公益性文化活动，参与公共文化服务。

数年来，中央美术学院雕塑系建立了诸多教学实践基地，实现从小课堂向大课堂的延伸。这些基地有效拓展了教学空间，也让高校和政府、企业进行了深度的合作，实现了"产学研"的一体化。以下列举一些近年来具有代表性的实践基地。

（1）景德镇教学创作研究基地。基地于 2016 年在江西省景德镇陶溪川正式挂牌成立，是中央美术学院与景德镇市人民政府的战略合作项目之一，对中央美术学院师生的教学、创作、培训及对中国陶瓷艺术未来发展产生了

---

❶　洪静：《高等艺术院校社会服务功能发展现状探析》，《艺术教育》2017 年第 10 期。

积极的影响。基地已成功举办多场学术性展览、学术性论坛和讲座及艺术文化公共教育等活动。历年来为中央美术学院学生提供了创作空间和设施及技术支持，为央美教学创作提供了良好的支持。

（2）中雕曲阳雕塑艺术有限公司。基础设施配套完善，石材车间两所，皆有龙门吊及石材雕刻配套设施，可用于教学实践。石材储料场，设有一架大型龙门吊，存放市面各种石材，可用于教学选材实践。该基地在支撑本专业学位人才培养中发挥了积极的作用。

（3）大同市雕塑博物馆。以雕塑专业命名的主题性博物馆，占地面积3万多平方米，展览面积2万多平方米，聚集国内艺术院校优势资源，通过开展古今中外雕塑艺术作品的收藏、保护、研究工作，向大众传递艺术价值。该博物馆也是央美雕塑专业学生展示自己的一个很好的专业平台。

（4）北京金鼎雕塑艺术有限公司。二十多年来，随着科技的高速发展，雕塑制作工艺也不断创新，使用3D扫描、3D雕刻，工艺与时俱进。目前公司拥有专业的3D扫描员、3D建模师、3D打印师、3D雕刻师及专业的做图扫描电脑、泡沫模型雕刻机等先进仪器设备，高端的数字化生产管理模式全方位精准定位雕塑的加工制作和安装，供雕塑系师生实践雕塑锻造焊接。

（5）山东西冶琉璃文化艺术有限公司。近年积极与高校开展深入合作，建立了多所高校的创作或实习基地。公司为满足院校师生实习或实践的需求，在原有琉璃吹制热塑等工艺基础上，新增模具铸造、模具压制、立体组合雕塑等新工艺和新技法。制作产品涵盖琉璃艺术品、高端工艺品、装饰装置作品、环境景观作品等，满足院校师生实习的需求。该公司配备雄厚的师资力量，配合和指导学生完成实践或实习任务，协助学生完成毕业设计等工作。

（6）南涅水石刻馆。为仿明清结构建筑。南涅水石刻馆为全国重点文物保护单位、山西省爱国主义教育基地。馆内基础设施完善，环境优美。博物馆为了凸显展出效果，营造良好的参观氛围，强化宣传教育作用，展厅基本陈列内容为造像塔、造像碑、单体造像、碑碣拓片、历代碑刻等，石刻数量庞大，形式多样。

（7）山西宇达青铜文化艺术股份有限公司。该公司有多个青铜雕塑艺术馆，可供雕塑系师生参观观摩。有大型青铜雕塑生产线和小件艺术品生产线，可供雕塑系师生实践雕塑铸造生产过程。有青铜表面热着色中心、3D打印中心、七轴雕刻中心可供雕塑系师生实践学习。

（8）灵石县资寿寺。2014年灵石县人民政府委托嵩山少林寺全权托管，并规划周边配套设施，少林资寿文化园项目选址灵石县，资寿寺为专业人士提供了充分的学习研究条件，尤其是针对学生临摹，具备优越的材料加工、制作工艺及现场临摹的硬件条件，以及业内交流的良好平台。

（9）麦积山石窟艺术研究所。麦积山石窟位于天水市城区东南的陇山丛林之中，是中国四大石窟之一。1961年，被国务院公布为第一批全国重点文物保护单位。2014年，作为"丝绸之路：长安—天山廊道的路网"组成部分，被联合国教科文组织列入世界文化遗产名录。麦积山石窟始建于十六国后秦时期，历经千余年的营建和修缮，是中国内地开凿最早的佛教石窟寺之一，也是中国石窟艺术乃至世界石窟艺术史和古代丝绸之路文化的重要组成部分。

（10）云冈石窟。为了深度挖掘云冈石窟艺术内涵，提升景区文化品位，云冈研究院依托云冈石窟世界文化遗产，以"多元包容、兼收并蓄"的心态拓展文化项目，以"勤俭节约、物尽其用"的理念增设文化内容，以"拾遗补阙、化腐朽为神奇"的艺术创意建造文化设施。为了给美术工作者提供一个专业一流的艺术创作平台，2014年，云冈研究院在云冈景区东山创建了"云冈石窟写生基地"，可同时容纳200余人次入驻进行创作。

这些实践基地，大大拓展了雕塑美育的外延，让"学校小课堂"向"社会大课堂"延展，将学院的雕塑教育与地方的艺术技法融为一体，对于中央美院传承民族民间文化艺术、传统工艺，形成特色艺术教育项目品牌具有重要价值。艺术教育基地应继续发挥平台和纽带作用，创新建设方式和管理模式，让中华优秀传统文化拥有更多的传承载体，让雕塑艺术实践落实、落细、落小。

第四节　"五育融合"视域下的立体美育

2018年9月，习近平总书记在全国教育大会上指出，要努力构建德智体美劳全面培养的教育体系，形成更高水平的人才培养体系。构建德智体美劳全面培养的教育体系，必须把德智体美劳作为一个整体予以考虑，揭示德智体美劳五育之间的内在联系与相互融合、相互促进的发展逻辑。

雕塑美育面向社会，体现出一种立体、开放、多元的格局，构建德智体美劳全面发展的体系，有助于培养和谐、全面、高尚的艺术人才。美术院校在强调美术专业教育的同时，不能忽略文化教育、思想政治教育，尤其是作为培养顶尖艺术人才的中央美术学院，更具有崇高的历史使命。如何巧妙地将它们融合在一起，使之互有交集、相互渗透，让学生潜移默化地受到教育，是教育模式探索的方向。

德育对受教育者施加思想、政治和道德等方面的影响，并通过受教育者积极的认知与践行，实现品德教育。优良的品德是培养一名合格大学生的基础，通过潜移默化的思想政治教育，造就德艺双馨的艺术家。

智育为人的全面发展提供知识和智力支持，它可以激发人的思维活力、创造力，帮助人们更深入地理解世界，提高知识涵养。在艺术创作中，需要不断推陈出新，在前人的基础上取得更大的突破。

体育通过具体的体育活动培养健康的行为习惯。良好的体魄是开展艺术创作的基础，保持身心的平衡，既是维持健康状态的需要，也是改善生活方式的要求。

美育通过提高审美素养，潜移默化地提升人的综合素质，滋润人的心灵，开阔人的胸襟，帮助人们发现美、认识美、创作美，从而达到以美育人的目标。

劳育通过生产劳动，达到教育人、培养全面发展人的目的。帮助学生树立正确的劳动观点和态度，为其进入社会实践的平台提供支撑，也让艺术创作的根基更加扎实。

在"五育"当中，美育起到了十分重要的作用。"在传统的六艺即'礼、乐、射、御、书、数'中，'乐'担任着美育的功能，它与其他五艺之间的关系，如同当代美育与其他四育的关系。这与传统的'六艺'教育其实存在着内在联系。这与孔子所倡导的仁与乐的融合是一致的，即美育是塑造人精神的核心力量，不管是德育、智育，还是体育和劳动教育，都能在'美育'所给予的审美体验和精神感召与'感性的素质'相遇相连。"❶

一、平衡、和谐：立体美育的优势

（一）以美润德，培养道德品质

艺术类院校通过开设美术、音乐、舞蹈等课程，可以陶冶心灵，在德育方面具有天然的优势。中央美术学院作为国内高等美术学府，引导学生进入美的殿堂。引导学生认识并体验美，培养其对艺术的感知力，使之敏锐观察自然和社会，进而引发学生情感的共鸣。在此基础上，引领学生树立正确的审美观念，陶冶高尚的道德情操，不断提升学生的创新能力和艺术表达能力。

美育具有形象性的特点，不同于传统德育的教导方式，美育在潜移默化中对人的情感进行陶冶，起到涵养品德的重要作用。通过美育，培养正确的审美观，提升对事物的鉴别力，创造美的能力，涵养高尚的道德水平。

---

❶ 史金良：《试论传统文化精神下的当代美育评价体系》，《美术观察》2021年第12期。

（二）以美启智，激发创造力

美育可以启发人的深入思索和感知，激发创造力、好奇心，在对形象思维的拓展上，具有重要的意义。艺术创作实践可以培养人的想象力、观察力，进而促进人的心智发展成熟。

在面向社会的雕塑美育实践中，创作活动训练学生对空间、形体的感知，培养学生的观察能力，"尽精微、致广大"，是中央美术学院的校训，取自《礼记·中庸》："故君子尊德性而道问学，致广大而尽精微，极高明而道中庸。"艺术创作的规律十分契合"尽精微、致广大"的主题精神，体现出艺术水平的精益求精，以及艺术境界的宽广博大。

（三）美育提供了一个精神家园，营造一种平衡、和谐、自由的人生境界

美育为学生提供了一个精神家园。在这个精神家园中，通过对内心的疏导达到身心的平衡，实现人与自然的和谐，借此实现心灵的自由。美院的学子在艺术的世界里徜徉，潜心从艺，内心世界充盈富足，他们拥有丰富的想象力、对生活的洞察力、对世界的感知力，逐渐达到平衡、和谐、自由的人生境界。

为鼓励学生发现生活中的美，激发学生的家国情怀，中央美术学院举办"最美中国"主题摄影展，雕塑系学生积极参与到活动之中，在下乡写生的间隙，或者在日常生活之中，注重收集素材，拍摄生活中美的部分，捕捉生活中的动态，参展的作品丰富多元，都是精彩瞬间的呈现，有的是转瞬即逝的美丽瞬间，有的是内涵丰富的构图，有的是色彩丰富的画面，带给人美的享受，这就是一种潜移默化的审美教育。

二、视域、定型：全面发展的困境

（1）受到多重因素影响，艺术院校的学生更重视专业教育，对于思想政治教育和文化课缺乏足够的重视，这就需要教师在教学中对学生加以引导，充分结合艺术类学生的知识结构，研究专业教育与思想政治教育互相促进的方式，提高学生的学习能力和文化素养。

如何在高校人才培养中融合美育？"其关键就是将艺术教育和思想政治教育有机融合，将社会主义核心价值观无声地浸润到学生的思想和行动中，不仅能完善学生人格，促进学生各方面能力均衡发展，还能提升其审美能力，在专业技术和艺术视野之间发挥作用，进而对学生造成潜移默化的影响。通过艺术教育的'车'载上思想政治教育的'物'，陶冶学生情操，开阔学生视野，不断增强中国特色社会主义制度的文化自信，培养造就德智体美劳全面发展的社会主义建设者和接班人。"❶ 在艺术创作中，思想政治教育与美育并不相悖，成为一个优秀的艺术家，需要向优秀的雕塑大师学习，不仅要学习其雕塑技艺，更要学习其为祖国、为时代创作，甘于奉献，勤于耕耘的精神，如此才能成为一个全面发展的艺术人才。

（2）艺术院校学生长期沉浸在特定的领域中，一定程度上容易形成一种思维定式，造成对某一领域的忽视。

专业知识的学习中，如果渗透美育教学，将促进人的全面发展。"强调专业技能学习的同时向学生渗透美育知识，以使学生可以真正地认知美与享受美，促进学生身心健康成长。即便有些学生在毕业之后没有从事与美育相关的工作，但是全面认知美是对学生基本能力和基本素质的培养，便于学生形成积极向上的人生态度。"❷

教师在艺术教育的过程中，要加强学生的艺术文化认知。"通过影响学

---

❶ 任宁：《高校美育教育在人才培养中的融合与提升》，《艺术教育》2020 年第 12 期。
❷ 李千乔：《新时期高职院校美育教学质量提升策略和实现路径研究》，《大学》2021 年第 51 期。

生的审美趣味、态度、理解和评价等方面，将每一种艺术以审美价值取向作为支撑而体现出来，这也是高校美育的最终目的之一。所以，在人才培养中，教师必须要加强学生艺术文化认知，考量多方面影响因素，帮助学生在学习知识和技能的同时，获得相对艺术审美价值取向。"❶ 通过对艺术文化的认知，培养全面发展的个体，形成独立的判断能力，提升综合素质。

（3）艺术院校的学生有时较为关注自我，集体意识较缺乏。在面对重要的主题活动时，学生觉得与自己的关联不密切，不能积极主动参加。在教育中要注意培养学生的集体意识，协调好集体和个人的关系，才能培养更广阔的胸襟和视野。

在中央美术学院雕塑系组织的系列社会实践活动中，不断强化学生对社会、国家、集体的认知，培养学生的"家国情怀"。有的学生展开了深入的社会调研，有的学生进行了围绕时代热点的主题创作，有的学生参与团队创作。雕塑，是一种需要创作者匠心与集体智慧的艺术，协调好个人与集体的关系，才能使创作关注的点从狭窄的领域扩展到更广阔的天地，让艺术产生更多的共鸣。

三、雕塑美育立体化的路径

（1）培养德才兼备的艺术人才，对其进行潜移默化情感渗透。艺术院校的学生与普通院校的学生相比，有鲜明的特点。他们大多内心细腻，情感世界丰富，对事物的感知更敏锐，常能发人所未发。在开展思想政治教育时，可以结合学生的性格特点，通过情感渗透的方式，达到对学生心灵的净化。

在中央美术学院党委书记高洪的倡议下，学院采用"课堂串讲＋名师讲座＋经典阅读＋课堂讨论＋实践教学"的"五位一体"思政课教学模式，突出中央美术学院特色，创新教学方式，借助音乐、色彩等手段大胆创设课堂

❶ 任宁：《高校美育教育在人才培养中的融合与提升》，《艺术教育》2020 年第 12 期。

环境，灵活选择上课地点，把课堂搬到校史馆、美术馆、纪念馆等与课程主题相契合的地方，把思政课视为一个艺术活动。

今后，中央美院雕塑系的美育实践，还能以更加丰富主题创作的活动形式，深入社会生活的各个方面，走进大街小巷，走访名家大师，通过情景式教学，激发学生内心的情感共鸣，提升育人的水平。"在实际教学中，通过采用理论教学、实践教学和创新教学，形成理论和实践一体化的教学体系，围绕学生学习特点安排学习内容，满足学生成长需求。在理论教学中，首先要让学生从感官层面了解艺术对象的美感，教师通过提炼和浓缩美育作品，带领学生全面感知美。在实践教学中，教师整合审美过程能让学生在感知美和欣赏美的基础上进一步升华美。在创新教学中进行教和学之间的转变，让学生主动学习美育知识，发挥学生的想象力和创新能力，拓展学生的美育知识面。"❶

（2）全员、全过程、全方位育人，尤其重视专业教师在思想教育中的引领。在中央美术学院，德高望重的教师，人们尊称为"先生"，这一称谓体现出人们对艺术的尊重，对教师的爱戴，因而专业教师对学生的言传身教尤为重要。青年教师具有前沿的艺术视野，与学生能够产生更多共鸣与对话，是同学们的知心人、引路人。

《国务院办公厅关于全面加强和改进学校美育工作的意见》指出，大力开展以美育为主题的跨学科教育教学和课外校外实践活动，将相关学科的美育内容有机整合，发挥各个学科教师的优势，围绕美育目标，形成课堂教学、课外活动、校园文化的育人合力。促进全员、全过程、全方位育人，形成育人合力，对于培养高端艺术人才具有重要作用，强化实践育人，通过专业课教师、思政课教师、家庭、社会的全员引领，在艺术课堂和社会课堂的全过程实践中，实现艺术水平和综合素质的全方位提升。

（3）开展形式多样的集体活动，锻炼身心。通过多种形式的集体活动，促进学生德智体美劳全面发展，并调动学生积极参与其中。中央美术学院运动会

---

❶ 李千乔：《新时期高职院校美育教学质量提升策略和实现路径研究》，《大学》2021 年第 51 期。

的开幕入场式，是一大亮点，与一般院校的歌唱、舞蹈、体操不同，美院学子充分发挥专业特色，发挥创造力，开展别开生面的创作表演活动。表演结束后，运动会开始。校运动会是展现各学院风采的舞台，是大家汇聚一堂的时刻，同时也是谱写央美人的拼搏进取之歌、团结协作之歌和奉献之歌的时刻。

雕塑系学生的入场式，发挥"动手"能力，鼓励学生围绕一个创意，学生团队开展主题创作，利用废旧材料，进行加工制作，创造出一系列的主题形象，在开幕式现场效果令人震撼，在集体活动中学生不仅参与了劳动，还将专业知识运用于实践中。2013年入场式的创意为"特洛伊木马"，雕塑系的师生为本次运动会做了充足的准备，同学们为了创造耳目一新的入场表演，提前半个月便开始忙活起来。从制定方案、表决方案、实施方案到最后完成，同学们齐心协力，最终利用废旧纸壳制作出了霸气的"特洛伊木马"。这种与专业紧密结合的艺术表现形式，增加了学生参加体育锻炼的热情，帮助学生收获勇毅、健康、乐观向上的人生姿态。

2013年中央美术学院运动会雕塑系入场式表演

（4）加强文化素养的提升与积淀，文化是民族团结前进的不竭动力。习近平总书记深刻指出，中国传统文化博大精深，学习和掌握其中的各种思想精华，对树立正确的世界观、人生观、价值观很有益处。

作为现代大学生，要注重各方面能力的全面发展，培养独立思考的能力，对不同的学科有所认识，以期达到融会贯通。"美育教学的系统化是建立在各个门类、各个学科交叉基础上的，这就需要一种通识性的教育，把相对分散的学科知识进行系统归纳、融合，让受教育者在较短时间内获得各学科教育的基础知识，在美育中获得感性认识，形成初步的审美经验。"❶

中央美院的文化课程设置通过中外文学、文学理论、美术史知识的学习，提升学生的文化底蕴。此外，通过定期开展诗文诵读比赛、征文竞赛等活动，学生所读所悟的"人文"积淀被激活，就会自觉地将传统文化结晶内化为自身人文底蕴。

艺术创作是一个输出的过程，因而不断地充实、输入，就显得尤为重要，它为艺术创作提供源源不断的灵感和知识储备。中央美院雕塑系在专业课程之余，经常举办主题讲座，丰富学生的知识储备，开阔学术视野。

（5）通过网络平台促进雕塑美育面向社会。利用网络开展美育，可以让美育教育资源惠及更多人，中央美院雕塑系通过官方网站、微信平台，宣传开展主题活动，对其进行深入、系列的报道，扩大平台的影响力，也促使雕塑美育面向社会，让更多人了解雕塑艺术。

新媒体时代，艺术教育的方式更加多元化。"教师还可以积极应用微课、慕课等形式，开通O2O线上、线下双渠道教育模式，将艺术专业的理论知识和实践技能相融合，构建美育机制，进而结合学生实际发展情况合理规划，循序渐进地解决艺术专业人才在专业技术和艺术造诣上不平衡的问题，切实发挥并落实美育的作用，不断提升每个学生的审美能力，赋予高校美育新时代的文化内涵。利用多媒体演示技术，为学生展示文物、书画等内容，

---

❶ 史金良：《试论传统文化精神下的当代美育评价体系》，《美术观察》2021年第12期。

刺激学生多重感官，激发其对美的追求欲望。"❶将线上教学与线下教学相结合，这是近年来逐渐普及的教学方式，这种教学形式使教育者超越时空的限制，开展艺术教育。

美育的最终旨归是培养人格健全、道德高尚的人，而不只是专门型的人才，如此，社会逐渐形成高尚的道德风尚。在面向社会的雕塑美育实践中，中央美院雕塑系不断摸索，实现全面、均衡发展，构建全面发展的教育体系。遵循艺术人才成长规律，促进艺术教育与思想政治教育有机融合、专业课程教学与文化教学相辅相成，着力提升学生综合素养，培养造就具有丰厚文化底蕴、素质全面、专业扎实的艺术专门人才。

---

❶　任宁：《高校美育教育在人才培养中的融合与提升》，《艺术教育》2020 年第 12 期。

结　语

　　"以美塑人"，通过美术教育培养具有丰富的情感、健全的人格、独立的审美能力的人才。面向社会的雕塑美育实践，是贯穿中国雕塑教育的重要理念。教育面向社会，从学院课堂到更宽广的社会平台，既是人才培养的要求，也是社会发展的需要。教育的目的、方向、使命是面向社会育人，因此，教育在人的发展与社会的需要中间架起一座桥梁，把学生引入社会。

　　"尽精微、致广大"，是中央美术学院的校训，雕塑学子以实际行动践行其精神内核。雕塑艺术从业者类似古代的匠人，但又不等同于此，他们沉浸在艺术世界中，研习雕塑技法，细致入微，又达通广大的境地。

　　美育工作是一项长期任务，在新的历史机遇下，有必要构建新时代的美育体系，在艺术实践中深化美育，在服务人民中彰显美育，在文化传承中弘扬美育。雕塑美育实践体系，既向传统溯源，又紧贴时代脉搏，在传统与现代中游刃。

　　通过搭建青年雕塑人才交流的平台，开展丰富多彩的社会实践，实现了课堂教学向社会的延伸，体现了学院精神的碰撞交融。通过打造艺术品牌活动，不仅可以提升学生的专业水平，也可以培养学生的家国情怀、独立人格、综合素质，为培养新时代综合性艺术人才提供支撑。

　　雕塑美育面向社会，具有深远的意义，通过开展以美育为主题的教育教学和课外校外实践活动，形成课堂教学、课外活动的合力。艺术实践促进社会文化的建设，社会实践也反哺人才培养。艺术深入生活，参与社会公共文化服务，让艺术教育更全方位地面向社会、面向时代，通过"五育"全面发展，实现立体化美育。

近年来，高校雕塑教育培养了一大批雕塑专业人才，在美育实践的过程中，要注重"培养雕塑人才的社会责任和社会使命感，强调雕塑人才服务大众、服务人民的意识；充分发挥高校在提升与普及公众雕塑素养方面的积极作用"，"实践，是雕塑教学的重要环节"，"只有通过参与具体的雕塑创作实践活动，才能展现学生的真才实学与创作姿态，让学生真正感受到雕塑这一艺术形态的社会责任和社会使命，体会雕塑艺术如何更广泛地介入现代生活，这同时也是检验雕塑教学成效的唯一标准"。❶

艺术教育是漫长的系统工程，是一个环环相扣的联动机制，需要校园和社会的共同塑造，培养丰厚文化底蕴、素质全面、专业扎实的艺术人才。站在时代潮头，中央美术学院雕塑系始终以高境界、宽视野、大胸怀，培养艺术领域的领军人物，创造教育教学的新成果，探索艺术研究的新领域，取得服务社会的新成就，努力造就德艺双馨的名家大师、培育高水平的创作人才。通过系统的美育实践，才能让艺术教育见诸心、付诸行。

---

❶ 董书兵：《高校雕塑教育需培养复合型人才》，《中国美术报》第192期，美育专版。

参考文献

［1］孙振华.中国古代雕塑史［M］.北京：中国青年出版社，2011.

［2］殷双喜.国家记忆：新中国纪念性雕塑与主题创作［J］.美术，2021（8）.

［3］吕品昌.“工业废弃物雕塑”唤醒城市记忆——“钢铁之夏——国际青年金属雕塑创作营”的启示［N］.人民日报，2018-07-08（12）.

［4］严婧瑞，王杉.美学传统·中外理论·当代美育 ——“新时代中国美育理论”论坛综述［J］.美育学刊，2022（5）.

［5］罗维婷.高校美育工作提升路径研究［J］.大学，2021（21）.

［6］史金良.试论传统文化精神下的当代美育评价体系［J］.美术观察，2021（12）.

［7］吴豆.二十世纪以来美育概念定义史变迁及现代反思［D］.西安：长安大学，2022.

［8］孙立丰.乡土景观雕塑的时代特色与文化传承［N］.中国社会科学报，2022-03-23（9）.

［9］洪静.高等艺术院校社会服务功能发展现状探析［J］.艺术教育，2017（10）.

［10］李千乔.新时期高职院校美育教学质量提升策略和实现路径研究［J］.大学，2021（51）.

［11］任宁.高校美育教育在人才培养中的融合与提升［J］.艺术教育，2020（12）.

后　记

"不积跬步，无以至千里。"

雕塑美育实践，就是在一点一滴的历程中，逐渐汇聚起来，形成一种精神内核——"塑造"，这不仅是雕塑技法的不断锤炼，更是美育对人格的培养与锻造。

在艺术殿堂中工作十载，笔者长期被艺术的氛围熏陶，切身体会到美育对心灵的浸润作用，也引发了对艺术实践的深入思索，拓展了学术研究的视野，遂将这些具有鲜明特点的教学实践案例集结成册，梳理其中的体系和理路，以期提供不同的文化视角，为今后的美育实践提供借鉴。本书凝聚了笔者十年来对雕塑美育实践的思考，其间笔者阅读了雕塑史相关书籍、美育相关研究资料，在实践过程中，了解到学生的所思所想，将这些一手的材料记录下来，并以其内在的逻辑对之进行串联。

贯穿本书实践案例的是两条线索：一条是以记者的身份，目睹并记录下来十年来中央美术学院雕塑系的社会实践活动，这些活动富有特色，开展得丰富多彩。以"钢铁之夏"金属雕塑创作营为例，笔者连续五年驻扎在创作一线，与创作团队一起在工厂内，穿梭在金属焊接现场，感受到最真切的创作状态。另一条是以德育者的身份，做学生的知心人，带领学生参与各类社会实践活动。以学生运动会为例，多次精心组织学生设计入场式的创意活动，展现了学生青春的激情与创造力。

本书立足于美育实践，在此过程中，艺术教育从学院的课堂中，延伸到社会的大课堂，从浩如烟海的博物馆，到广袤乡村的场域，再到工厂的车间，每一次场地的转换，都是艺术教育形式的另一种延伸。学生在参与实践的过程中，得到了全方位的综合锻炼，实现了"五育并举"，培养青年学子的家国情怀与艺术积淀，不断提升人的精神追求和人生境界。

面向社会的雕塑美育实践，呈现出一种敞开的姿态，美育课堂的内涵延伸，艺术实践的步履不停……